濱田明日香　甘い服

甘 い 服

リボン、ギャザー、ピンタック、パフスリーブに
フリル、といった言葉を聞くだけでもわくわく
してきますよね。
普段、あまり甘い服を着ない私でも、完全に
マニッシュに決めてしまうより、どこかに女性
らしい要素を入れてコーディネイトすると気分
がふわっと上がるものです。

ギャザーやフレア、タックといったディテールは
デザイン的にかわいいだけではなく、ボリューム感
やシルエットを出すのにとても興味深いパターン
のテクニック。
例えばふくらんだ袖を作るのにもギャザー、タック、
ダーツなど方法はいろいろ。
フリルもどこにどの形で挟むかで大きく表情
が変わります。
かわいいデザインでもマニッシュな生地を使う
と甘さが抑えられます。
今回は、そういったテクニックが持つ可能性に
向き合ってみました。

ボーイッシュやマニッシュなコーディネイトに
プラスしてもかわいい、甘すぎない甘めの服を
楽しんでください。

p. 4	p. 4・5	p. 6・7
三日月フリルトップ（フリル小）	三日月フリルトップ（フリル大）	ランダムフリルのジャンプスーツ
a	b	c
p. 8	p. 9	p. 10・11
袖山ギャザーのパフスリーブトップ	袖口ギャザーのパフスリーブトップ	ランタンスリーブのドレス
d	e	f
p. 12	p. 13	p. 14・15
パフスリーブワークシャツ	パフスリーブオックスフォードシャツ	ボリューム袖のプルオーバー
g	h	i
p. 16・17	p. 16・17	p. 20
ピンタックのサークルトップ	ボックスタックのスクエアトップ	リボンロゴ T
j	k	l
p. 21	p. 22・23	p. 24
ランダムリボン T	ネグリジェドレス	アンダーバストギャザートップ
m	n	o
p. 25	p. 26～29	p. 30・31
ショルダーギャザートップ	フリルトレーナー	フリルピローバッグ
p	q r s t	u
p. 30・31	p. 32	p. 33～
フリルピロートップ	フリルのラインパンツ	HOW TO MAKE
v	w	

3

 a

三日月フリルトップ
（フリル小）

How to make → p.36

 b

三日月フリルトップ
（フリル大）

How to make → p.36

肩に挟んだフリルのサイズが変わると見え方も大きく変わる

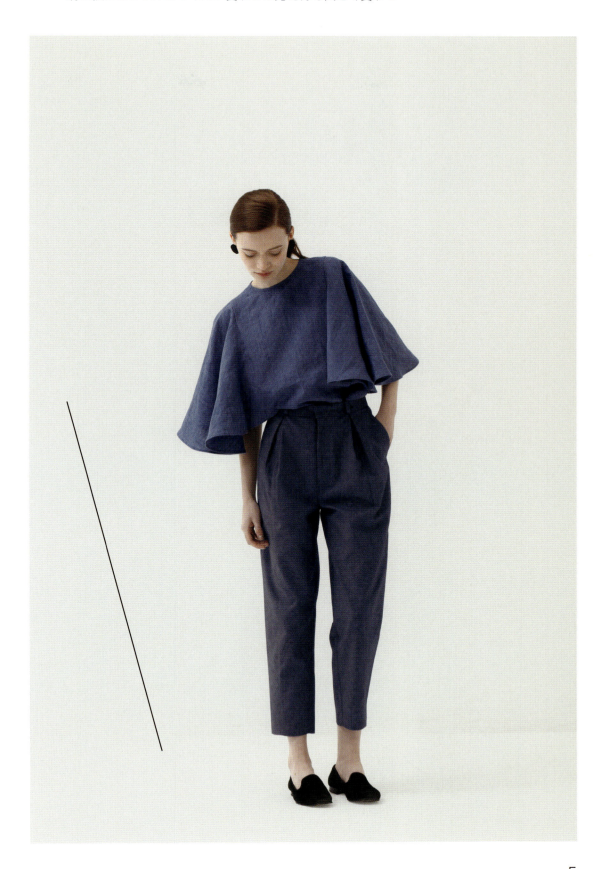

大人っぽい甘さ ランダムにたたんだタックが

ランダムフリルの
ジャンプスーツ c

How to make → p.40

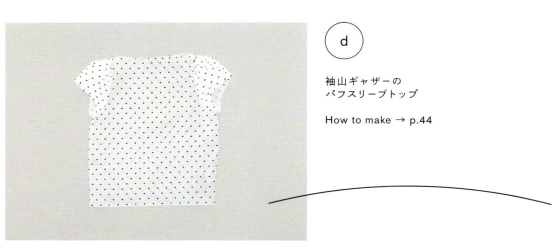

d

袖山ギャザーの
パフスリーブトップ

How to make → p.44

袖山ギャザーのちいさなパフスリーブ

e

袖口ギャザーの
パフスリーブトップ

How to make → p.44

袖口ギャザーのたっぷりパフスリーブ

三角すいを2個くっつけたような
立体的なパフスリーブ

f

ランタンスリーブのドレス

How to make → p.54

g

パフスリーブワークシャツ

How to make → p.47

パフスリーブなのにマニッシュ
マニッシュなのにパフスリーブ
衿の形を変えた2種類

h

パフスリーブ
オックスフォードシャツ

How to make → p.47

3枚はぎで丸みを出した
立体的な袖がかわいいプルオーバー

ボリューム袖の
プルオーバー   i

How to make → p.51

胸もとのピンタックがさらに裾のフレアを生んで甘いシルエットに

ピンタックの
サークルトップ

How to make → p.56

ボックスタックの
スクエアトップ

How to make → p.58

胸もとの切替えとボックスタックが
少女らしいトップ

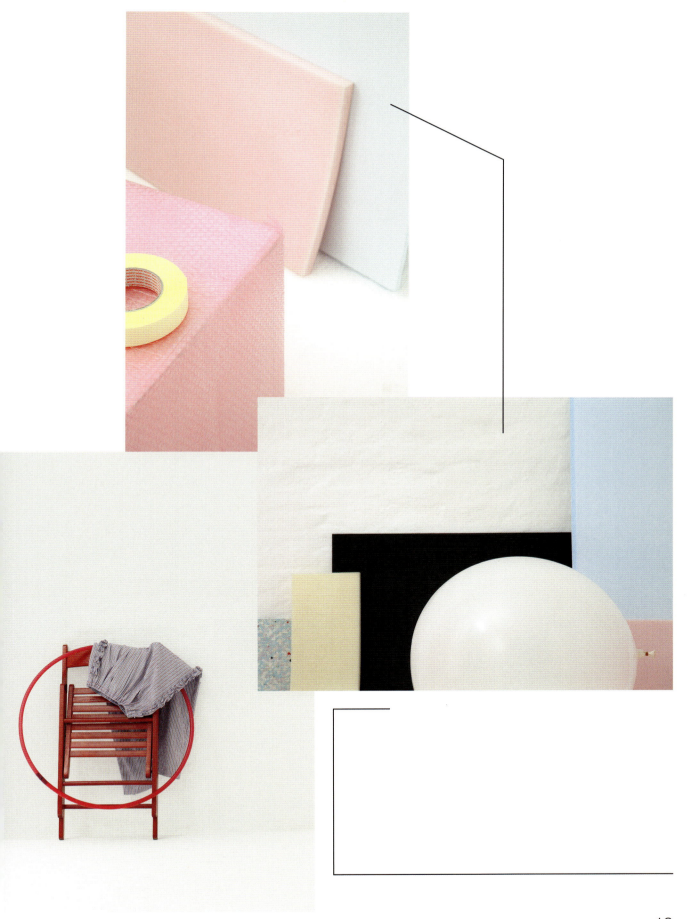

リボンで文字を描いたビッグTシャツ
白地にオフホワイトで描けば
主張しすぎず ほどよくおしゃれ

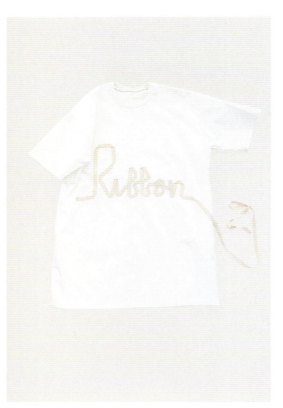

1

リボンロゴT

How to make → p.60

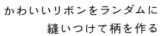

m

ランダムリボンT

How to make → p.60

かわいいリボンをランダムに
縫いつけて柄を作る

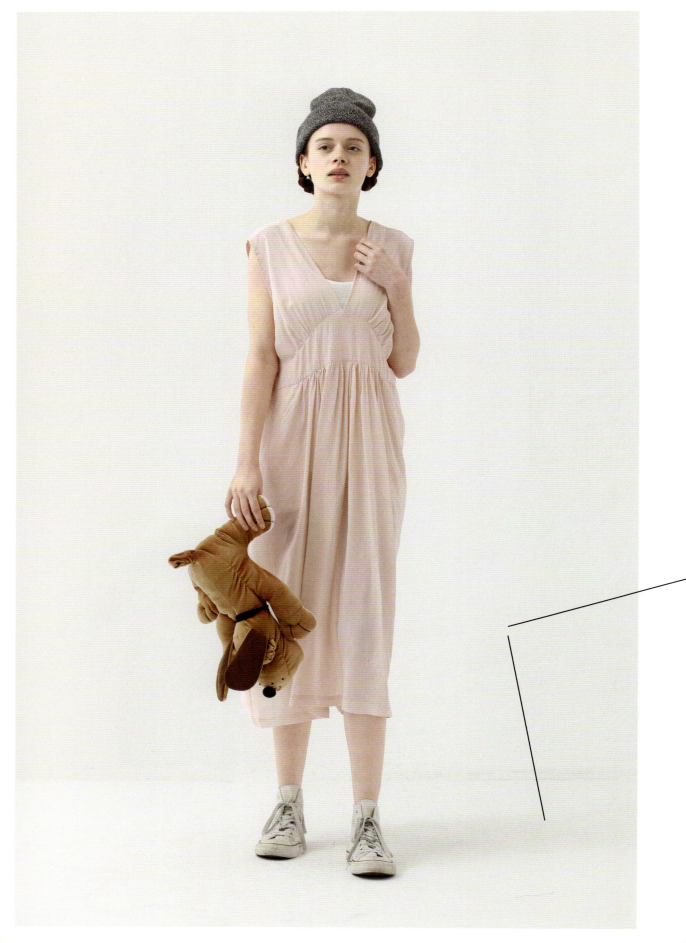

n ネグリジェドレス

How to make → p.64

胸もとに寄せたギャザーが
女性らしいドレス

四角い布にギャザーを入れてシルエットを変化させたトップ

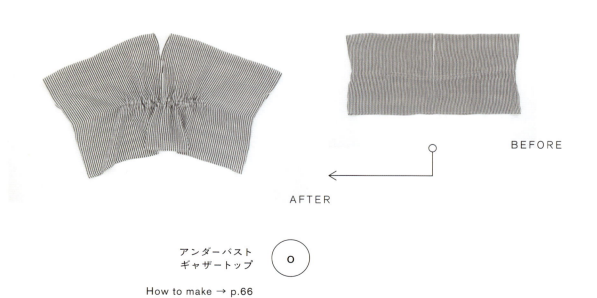

BEFORE

AFTER

アンダーバスト
ギャザートップ　o

How to make → p.66

BEFORE → AFTER

(p) ショルダー
ギャザートップ

How to make → p.68

肩に入れたギャザーが袖のように見えるトップ

25

フリルの入り方と色で印象を変えた
4種類のトレーナー

q

フリルトレーナーA

How to make → p.70

r

フリルトレーナー B

How to make → p.73

s

フリルトレーナー C

How to make → p.74

t

フリルトレーナー D

How to make → p.75

u

フリルピローバッグ

How to make → p.63

v

フリルピロートップ

How to make → p.76

四角い形とフリルが存在感たっぷりの
バッグとトップ

フリルのラインパンツ　w

How to make → p.78

フリルでラインを入れた
スポーティなのに甘さもあるパンツ

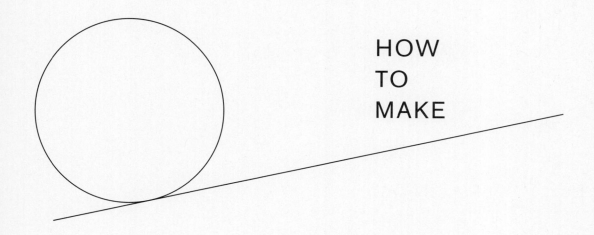

HOW TO MAKE

●サイズとパターンについて

付録の実物大パターンを使って作ります。アイテムによってワンサイズのものと2サイズ展開のものがあります。
サイズは下のサイズ表の寸法に合わせてお選びください。また、作り方ページの「出来上り寸法」を参考に、お手持ちの服と比較すれば、サイズ感をつかみやすいでしょう。

	サイズ1 (S~M)	サイズ2 (M~L)	ワンサイズ (S~L)
バスト	75~83cm	83~92cm	75~92cm
ウエスト	60~67cm	67~75cm	60~75cm
ヒップ	85~91cm	91~98cm	85~98cm
身長	154~162cm	154~168cm	154~168cm

- 作り方ページに使用するパターンを表記してありますので、付録の実物大パターンの中から必要なパターンを別紙に写し取ってお使いください。

- パターンを写すときにはサイズを間違えないように注意し、布目線、タック位置、あき止りや縫止りなどの合い印も忘れずに写します。また「前身頃」などパターンの名称、「前中心わ」や「ギャザー」などの文字情報も書き加えておきましょう。

- 実物大パターンには縫い代が含まれていません。布を裁つときには裁合せ図を見て必要な縫い代をつけて布を裁断します。

●素材について

- コットンやリネンを中心に、一般的な生地を使用していますが、柄物や冬素材などに替えて作れば、季節を問わず楽しめます。薄すぎる布や厚すぎる布は扱いが難しいので、初心者のかたは作り方ページの「布選びのポイント」を参考に中厚程度のものを選ぶと縫いやすいでしょう。

- 布の使用量は、110cm幅で見積もっています。布幅が変わると用尺も変わりますので、裁合せ図を参考に加減してください。

●接着芯について

- 接着芯は生地の風合いを損なわないように、薄手のものを選びましょう。まず使用する布のはぎれにはって風合いを確認してから使用することをおすすめします。

- 接着芯はしっかり仕立てたいパーツや切込みを入れるところ、ボタンホールを作る箇所などにはります。ファスナーつけ位置や衿ぐり、袖ぐりなどを伸ばしたくない箇所にも、縫い代に接着テープをはります。
伸びの少ないしっかりした素材を使う時は、接着芯、接着テープをはらなくてもよい場合もありますので、選んだ布によって判断してください。

●きれいに仕上げるポイント

きれいに仕上げるコツはこまめなアイロンがけ。布端を折るときや仕上げのアイロン以外にも、ひと縫いごとにアイロンをかけることが仕上げの美しさにつながります。ミシンやロックミシンをかけた縫い目には縫い縮みが起こっていますので、縫い終わったら縫い代を割る、または倒す前に、縫い目にまずさっとアイロンをかけることをおすすめします。

縫い方の基礎

作品の中に多く使われているテクニックをピックアップしました。
各作品の作り方と併せて参考にしてください。

●タックのたたみ方

2重斜線の高いほうから低いほうに向かって布をたたむ

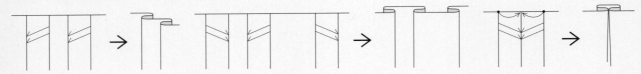

●三つ折り端ミシン

[縫い代が多い場合]

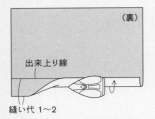 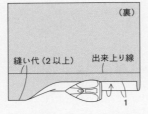 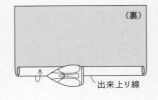 

1. 縫い代が1～2cmの場合は、まずアイロンで縫い代を半分に折る。

2. 縫い代が2cm以上の場合は、縫い代端を1cm折る。

3. 残りの縫い代をアイロンで折って三つ折りにする。

4. 三つ折り端にステッチをかける。

[カーブが強い場合]

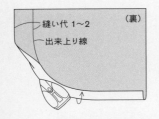 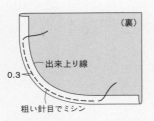 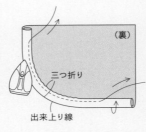 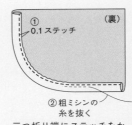

1. カーブが強い場合は縫い代を少なめに裁ち、まずアイロンで縫い代を半分に折る。

2. カーブの部分の1の折り山に、粗い針目でミシンをかける。縫始めと終りは糸端を長めに残しておく。

3. 残りの縫い代を折って三つ折りにするとき、カーブの部分は粗ミシンの糸を引いて縫い代端を縮めてカーブにそわせる。

4. 三つ折り端にステッチをかけ、粗ミシンの糸を抜く。

●バイアステープで縫い返す

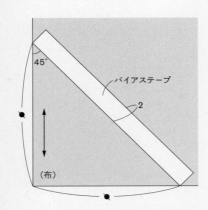

1. バイアステープを裁つ。縦地、横地方向に同寸法をはかり、45度の斜線を引く。次にその線と平行にテープ幅(2cm)の線を引いてカットする。

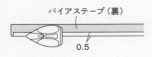

2. バイアステープの片側の端を、アイロンで裏面に0.5cm折る。

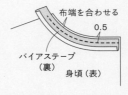

3. 身頃のバイアステープつけ位置は0.5cmの縫い代をつけて裁つ。バイアステープの折っていないほうの端を身頃と中表に合わせ、0.5cmの縫い代で縫う。

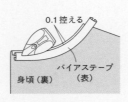

4. バイアステープを身頃の裏面に返し、バイアステープを0.1cmぐらい控えて縫い目をアイロンで整える。カーブが強くて縫い代がつれる場合は、縫い代に切込みを入れるといい。

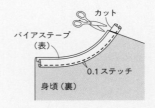

5. バイアステープの端にステッチをかける。身頃からはみ出しているテープ端は、身頃に合わせてカットする。

●ギャザーの寄せ方

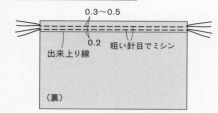 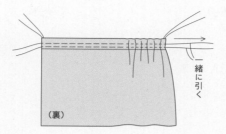 

1. 縫い代に粗い針目でミシンを2本かける。縫始め、終りとも返し縫いはしないで糸端を長めに残しておく。

2. 裏面の粗ミシンの糸端の上糸のみ2本一緒に引いて縮め、ギャザーを寄せる。

3. 指定の寸法にギャザーを寄せたら、縫い代がかさばらないように、縮めた縫い代をアイロンでしっかり押さえておくといい。

●コンシールファスナーのつけ方

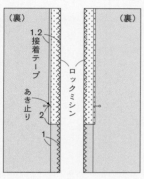  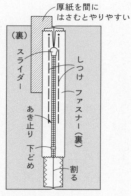 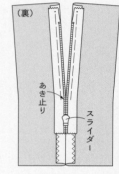

1. コンシールファスナーはあきの寸法より3cm以上長いものを用意する。縫い代の裏面のあき止りの2cm下まで接着テープをはり、縫い代端にロックミシン(またはジグザグミシン)をかける。

2. ファスナーつけ位置を中表に合わせ、ファスナーつけ位置は粗い針目のミシンで、あき止りから下は普通のミシン目で縫う。このとき、あき止りはしっかり返し縫いをする。

3. 2の縫い目をアイロンで割り、縫い代にファスナーを中表に重ねる。ファスナーの務歯(かみ合せの部分)の中央を縫い目に合わせ、ファスナーテープを縫い代にしつけでとめる。

4. 2のあき止りから上の粗ミシン目をほどき、ファスナーを開いてスライダーをあき止りより下まで下ろす。

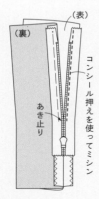 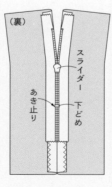 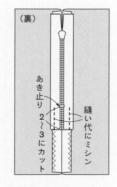

5. ミシンの押え金をコンシール押えに替え、ファスナーつけ位置の縫い代を開いてファスナーつけミシンをかける。コンシール押えの溝にファスナーの務歯をはめ込み、務歯を起こすようにしながらミシンをかける。ファスナーのもう一方も同じ要領で縫う。

6. ファスナーのスライダーをあき止りから上に引っ張り出す。次に下どめをあき止りに移動し、ペンチで締めて固定する。

7. あき止りから下にファスナーが長く残っている場合は、あき止りから2~3cm下でカットする。次にあき止りから下のファスナーテープ端を縫い代にミシンでとめる。

a 三日月フリルトップ（フリル小）
作品ページ → p.4

b 三日月フリルトップ（フリル大）
作品ページ → p.4・5

フリルのサイズを極端に変えて作った2つのトップ。小さいフリルはかわいらしいポイントに、大きいフリルは袖のように肩をおおって女性らしいシルエットに。パンツを合わせてもどこか女性らしいコーディネートになります。

a

●布選びのポイント
きれいな色のリネンを使用。柔らかすぎる布よりも、少し張りのある布のほうがフリルがきれいに出ます。

●パターン（1表面）
a 後ろ身頃　a 前身頃　a 後ろ脇身頃・前脇身頃
a フリル
※バイアステープは裁合せ図の寸法で裁つ

●材料
表布＝110cm幅1m50cm
接着テープ＝1.5cm幅25cm
ボタン＝直径1cm1個

●下準備
・後ろあきの縫い代（裏面）に接着テープをはる。
・後ろ中心、肩、脇の縫い代にロックミシン（またはジグザグミシン）をかける。

●作り方順序
1. 後ろ中心を縫い、あきを作る。（→p.37）
2. 肩を縫う。（→p.37）
3. ループを作り、衿ぐりをバイアステープで縫い返す。（→p.38）
4. 袖ぐりをバイアステープで縫い返す。（→p.38）
5. フリルを作る。（→p.38）
6. フリルをはさんで身頃を縫い合わせる。（→p.39）
7. ボタンをつける。（→p.39）
8. 脇を縫う。（→p.39）
9. 裾の始末をする。（→p.39）

b

●布選びのポイント
薄手のリネンを使用。張りのない素材で仕立てたほうが、フリルが肩になじみます。

●パターン（1表面）
b 後ろ身頃　b 前身頃　b 脇身頃　b フリル
※バイアステープは裁合せ図の寸法で裁つ

●材料
表布＝110cm幅1m90cm
接着テープ＝1.5cm幅25cm
ボタン＝直径1cm1個

●下準備
・後ろあきの縫い代（裏面）に接着テープをはる。
・後ろ中心、肩の縫い代にロックミシン（またはジグザグミシン）をかける。

●作り方順序
1. 後ろ中心を縫い、あきを作る。（→p.37）
2. 肩を縫う。（→p.37）
3. ループを作り、衿ぐりをバイアステープで縫い返す。（→p.38）
4. 脇身頃の袖ぐりをバイアステープで縫い返す。（→p.38）
5. フリルの外回りを三つ折りにしてステッチをかけ、フリルをはさんで身頃を縫い合わせる。（→p.38）
6. 裾を0.7cmの三つ折りにしてステッチをかける。（→p.39の9参照）
7. ボタンをつける。（→p.39）

●出来上り寸法・作り方順序

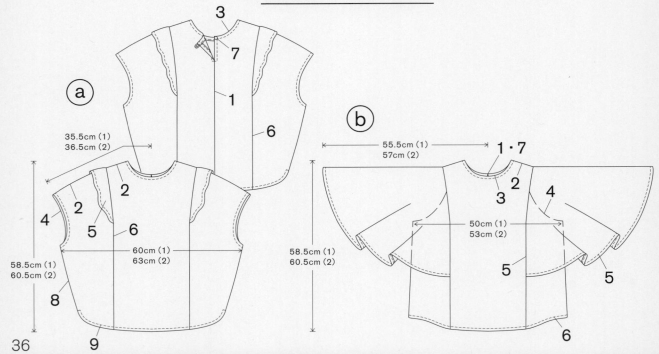

● 裁合せ図

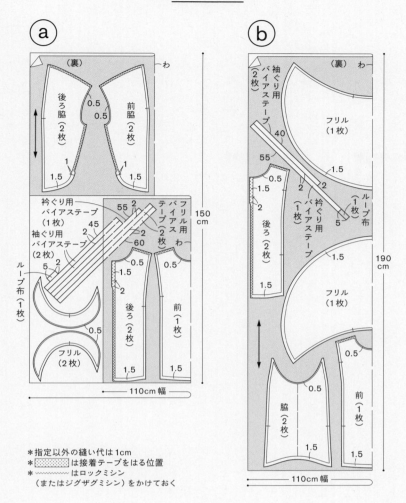

* 指定以外の縫い代は1cm
* ▨ は接着テープをはる位置
* 〜〜〜 はロックミシン
  （またはジグザグミシン）をかけておく

1. 後ろ中心を縫い、あきを作る。

2. 肩を縫う。

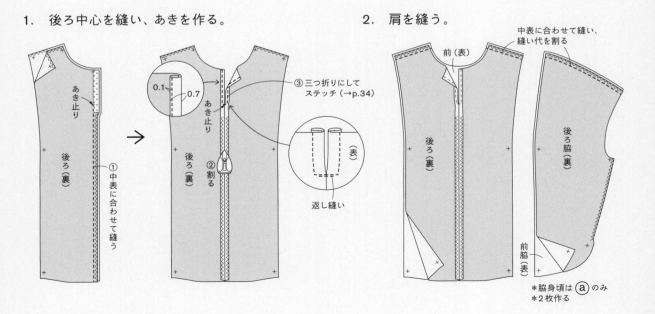

37

3. ループを作り、衿ぐりをバイアステープで縫い返す。

4. 袖ぐりをバイアステープで縫い返す。

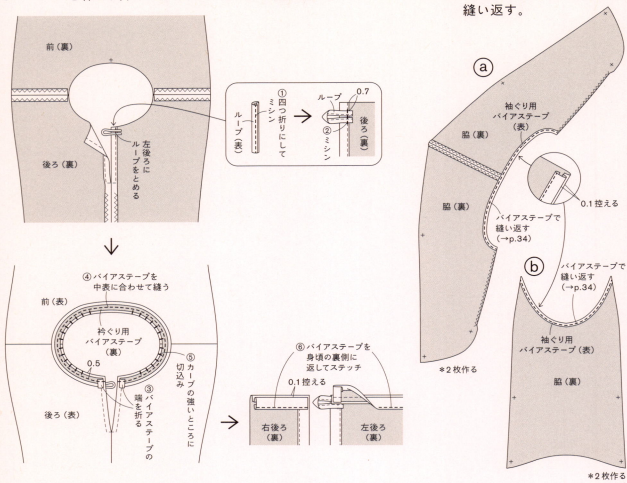

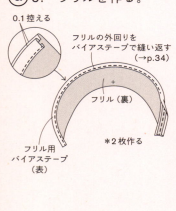

ⓐ 5. フリルを作る。

ⓑ 5. フリルの外回りを三つ折りにしてステッチをかけ、フリルをはさんで身頃を縫い合わせる。

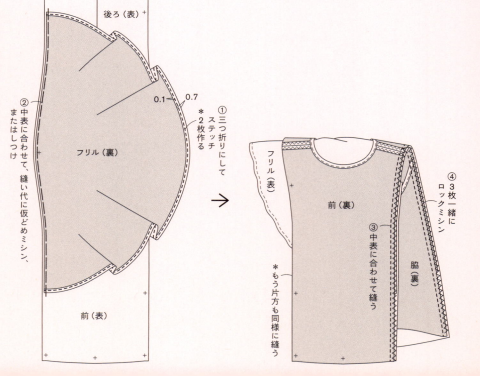

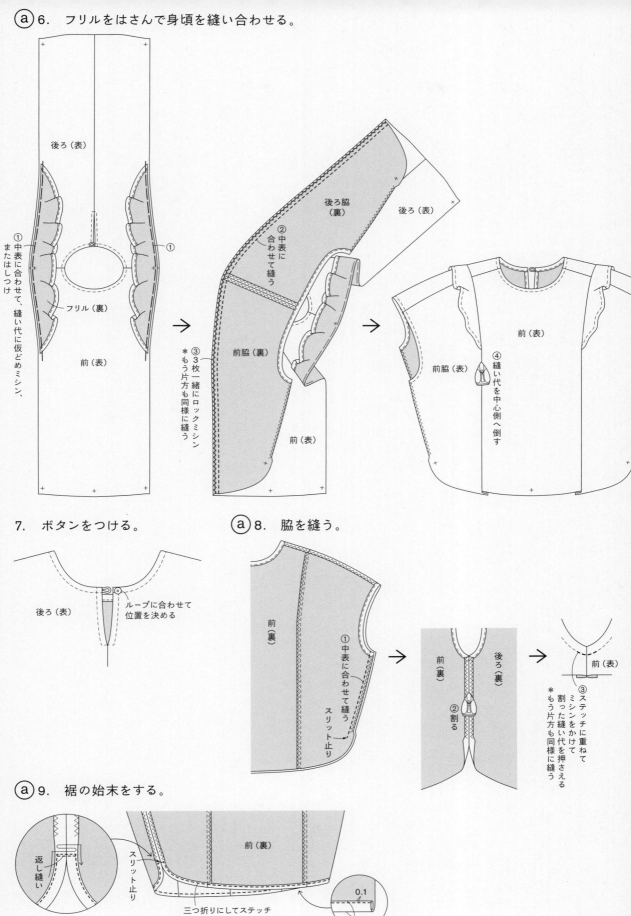

C ランダムフリルのジャンプスーツ

作品ページ → p.6・7

ランダムにタックをとったフリルが大人っぽい、クロップト丈のジャンプスーツ。ノースリーブながら、肩が華奢に見えるちょうどいいフリルの長さです。

● 布選びのポイント
落ち感のあるキュプラを使い、大人っぽさを出しています。細かい作業があるので、初心者は中肉のコットンが縫いやすいでしょう。

● パターン（1表面）
c 後ろ身頃　c 前身頃　c 前後袖ぐり布　c 後ろパンツ
c 前パンツ　c 袋布　c フリル
※バイアステープは裁合せ図の寸法で裁つ

● 材料
表布＝110cm幅2m70cm
接着テープ＝1.2cm幅80cm
コンシールファスナー＝56cm1本

● 下準備
・後ろ中心のファスナーつけ位置、前パンツのポケット口の縫い代（裏面）に接着テープをはる。
・身頃の後ろ中心、肩、脇、袖ぐり布の肩、パンツの脇、袋布の脇の縫い代にロックミシン（またはジグザグミシン）をかける。

● 作り方順序
1. 身頃の後ろ中心を縫い、コンシールファスナーをつける。（→p.41）
2. 衿ぐりをバイアステープで縫い返す。（→p.41）
3. 肩を縫う。（→p.41）
4. 袖ぐり布を縫う。（→p.41）
5. フリルを作る。（→p.41）
6. フリルをつける。（→p.42）
7. 身頃の脇を縫う。（→p.45の3参照）
8. パンツのタックをたたむ。（→p.42）
9. 股ぐりを縫う。（→p.42）
10. パンツの脇を縫い、ポケットを作る。（→p.43）
11. 股下を縫う。（→p.43）
12. 裾の始末をする。（→p.43）
13. 身頃とパンツのウエストを中表に合わせて縫う。縫い代は2枚一緒にロックミシンで始末し、身頃側に倒す。

● 裁合せ図

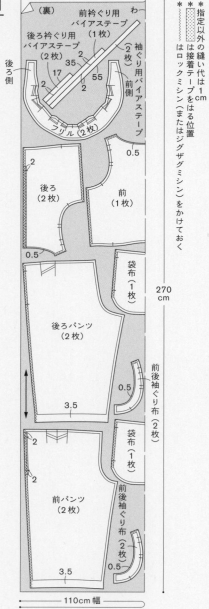

● 出来上り寸法・作り方順序

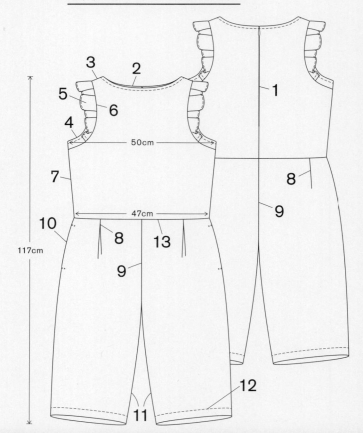

1. 身頃の後ろ中心を縫い、コンシールファスナーをつける。

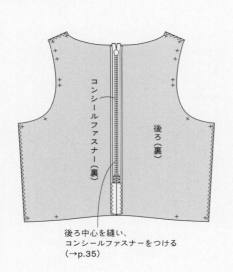

2. 衿ぐりをバイアステープで縫い返す。

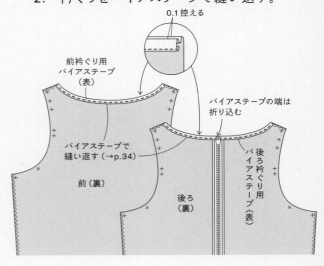

3. 肩を縫う。

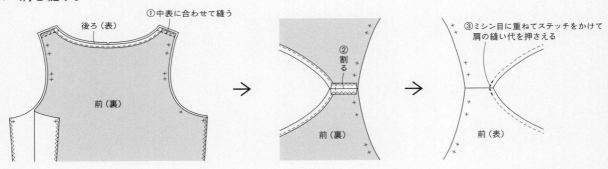

4. 袖ぐり布を縫う。

5. フリルを作る。

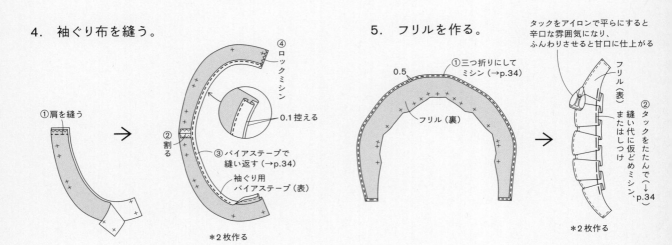

6. フリルをつける。

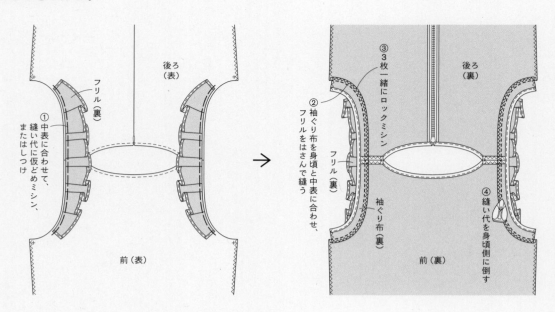

8. パンツのタックをたたむ。

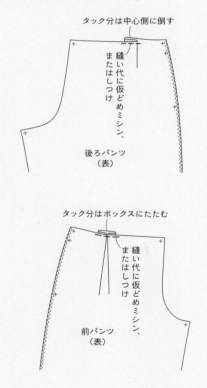

9. 股ぐりを縫う。

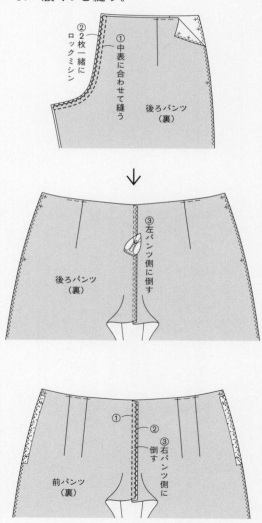

10. パンツの脇を縫い、ポケットを作る。

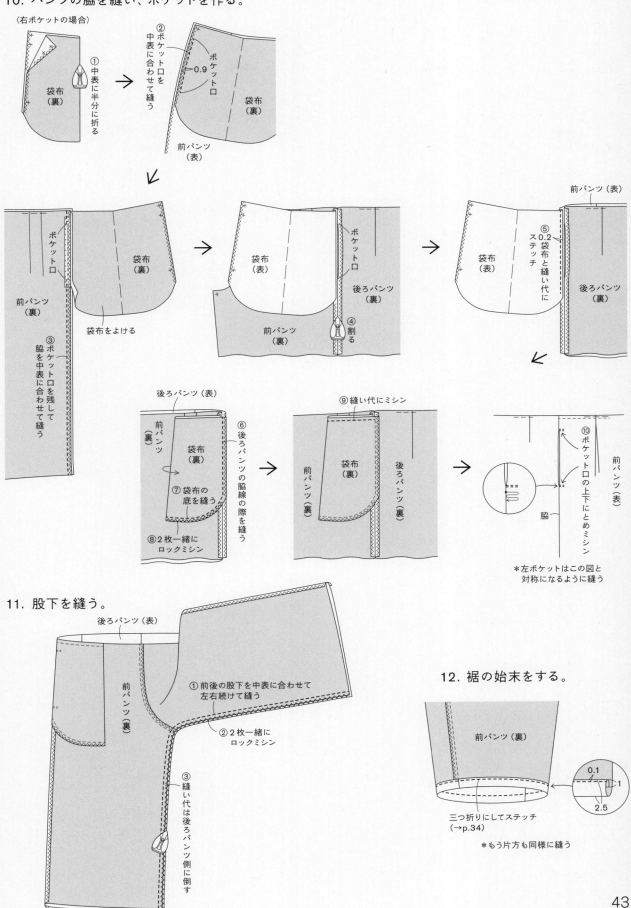

11. 股下を縫う。

12. 裾の始末をする。

袖山ギャザーのパフスリーブトップ
作品ページ → p.8

 袖口ギャザーのパフスリーブトップ
作品ページ → p.9

それぞれ袖山と袖口にギャザーを寄せて作ったパフスリーブ。ギャザーを入れる位置で表情が変わります。ボトムにインして着るのがおすすめ。

●布選びのポイント
織りドット模様のコットンを使っています。プリント柄などのコットンで作るのもおすすめ。

●パターン（2表面）
　d 後ろ身頃　　d 前身頃　　d 袖
※バイアステープは裁合せ図の寸法で裁つ

●材料
表布＝110cm幅サイズ1は1m
　　　　　　　　サイズ2は1m30cm

●下準備
・肩、脇、袖下の縫い代にロックミシン（またはジグザグミシン）をかける。

●作り方順序
1. 衿ぐりをバイアステープで縫い返す。（→p.45）
2. 肩を縫い、縫い代を割る。（→p.41の3参照）
3. 脇を縫う。（→p.45）
4. 裾の始末をする。（→p.45）
5. 袖を作る。（→p.46）
6. 袖をつける。（→p.46）

●布選びのポイント
織りドット模様のコットンを使っています。プリント柄などのコットンで作るのもおすすめ。袖口のギャザー分量が多いので、厚手の布は避けて。

●パターン（1裏面）
　e 後ろ身頃　　e 前身頃　　e 袖　　e カフス
※バイアステープは裁合せ図の寸法で裁つ

●材料
表布＝110cm幅 2m30cm
ゴムテープ＝1.2cm幅サイズ1は約24cm2本
　　　　　　　　　　サイズ2は約25cm2本

●下準備
・肩、脇、袖下の縫い代にロックミシン（またはジグザグミシン）をかける。

●作り方順序
1. 衿ぐりをバイアステープで縫い返す。（→p.45）
2. 肩を縫い、縫い代を割る。（→p.41の3参照）
3. 脇を縫う。（→p.45）
4. 裾の始末をする。（→p.45）
5. 袖を作る。（→p.46）
6. 袖をつける。（→p.46参照。ただし縫い代は袖側に倒す）

●出来上り寸法・作り方順序

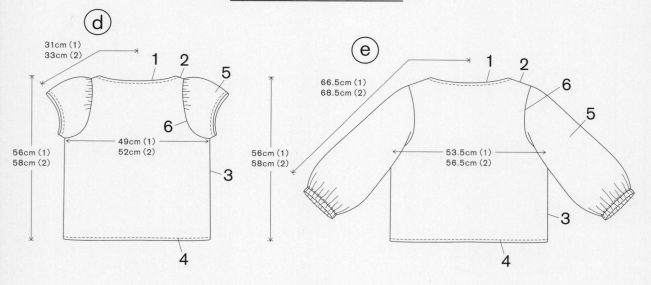

●裁合せ図

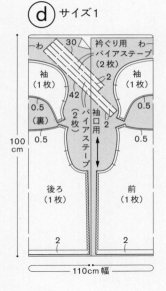

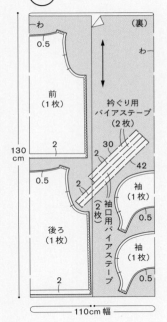

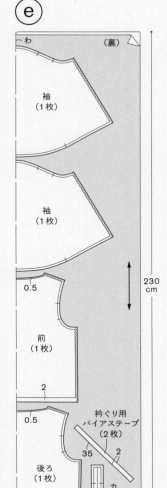

＊指定以外の縫い代は1cm
＊〰〰〰 はロックミシン
　（またはジグザグミシン）をかけておく

1. 衿ぐりをバイアステープで縫い返す。

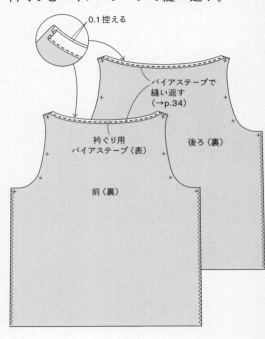

3. 脇を縫う。

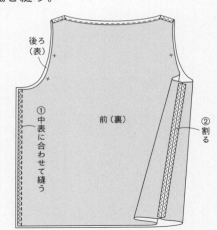

4. 裾の始末をする。

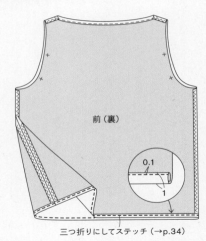

ⓓ 5. 袖を作る。

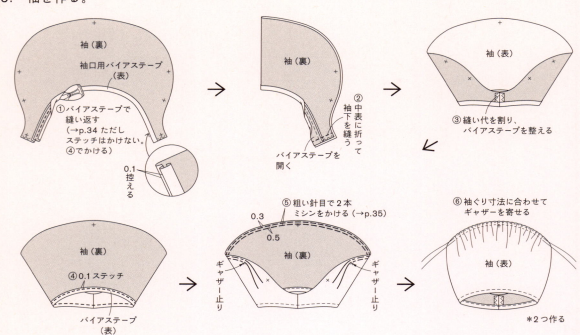

ⓔ 5. 袖を作る。

6. 袖をつける。

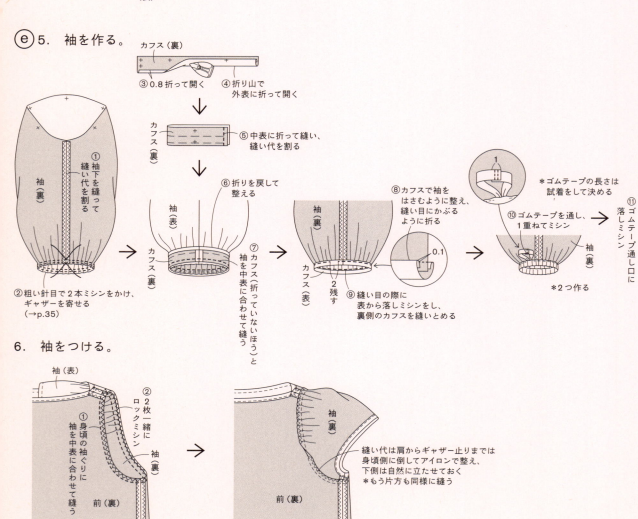

g パフスリーブワークシャツ
作品ページ → p.12

h パフスリーブオックスフォードシャツ
作品ページ → p.13

ひじ上にたまったボリューム感がかわいい袖と、辛めのシャツのディテールを合わせたシャツ。マニッシュに決めてもどこか女性らしい仕上がりに。

g

●布選びのポイント
コットンストライプのシャツ地を使っています。淡い色や柄布で甘い感じに仕上げてもいいでしょう。

●パターン（2 裏面）
g 後ろ身頃　g 前身頃　g ヨーク　g 衿　g 袖
g カフス

●材料
表布＝110cm 幅 2m
接着芯＝90cm 幅 65cm
ボタン＝直径 0.9cm 9個

●下準備
・前端見返し、衿、カフスの裏面に接着芯をはる。
・袖下の縫い代にロックミシン（またはジグザグミシン）をかける。

●作り方順序
1. 前端を整える。（→p.48）
2. 前、後ろ身頃とヨークを縫い合わせる。（→p.48）
3. 衿を作る。（→p.49）
4. 衿をつける。（→p.53の8参照）
5. 脇を縫う。（→p.49）
6. 裾を始末する。（→p.49）
7. 袖を作る。（→p.50）
8. 袖をつける。（→p.50）
9. 前端、カフスにボタンホールを作り、ボタンをつける。（→p.50）

h

●布選びのポイント
コットンのオックスフォード生地で仕立てました。淡い色やチェックなどの柄の布で甘さをプラスしてもいいでしょう。

●パターン（2 裏面）
h 後ろ身頃　h 前身頃　h ヨーク　h 上衿　h 台衿
h 袖　h カフス

●材料
表布＝110cm 幅 2m
接着芯＝90cm 幅 65cm
ボタン＝直径 0.9cm 11個

●下準備
・前端見返し、上衿、台衿、カフスの裏面に接着芯をはる。
・袖下の縫い代にロックミシン（またはジグザグミシン）をかける。

●作り方順序
1. 前端を整える。（→p.48）
2. 前、後ろ身頃とヨークを縫い合わせる。（→p.48）
3. 衿を作る。（→p.49）
4. 衿をつける。（→p.49）
5. 脇を縫う。（→p.49）
6. 裾の始末をする。（→p.49）
7. 袖を作る。（→p.50）
8. 袖をつける。（→p.50）
9. 前端、カフスにボタンホールを作り、ボタンをつける。（→p.50）

●出来上り寸法・作り方順序

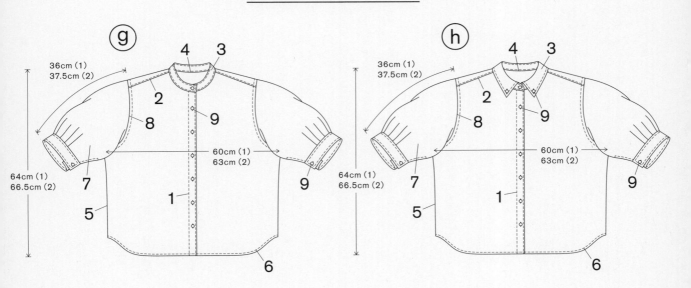

●裁合せ図

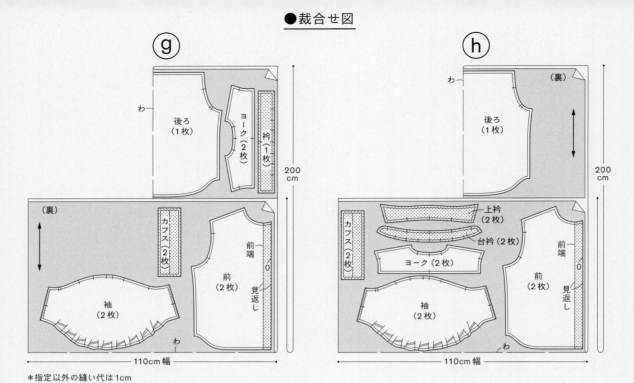

* 指定以外の縫い代は1cm
* ▒▒▒ は接着テープをはる位置
* ～～～ はロックミシン
  （またはジグザグミシン）をかけておく

1. 前端を整える。

2. 前、後ろ身頃とヨークを縫い合わせる。

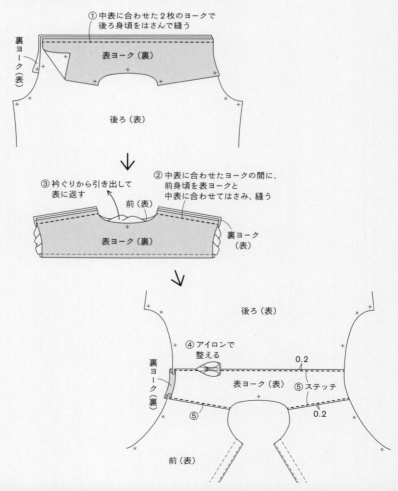

ⓖ 3. 衿を作る。

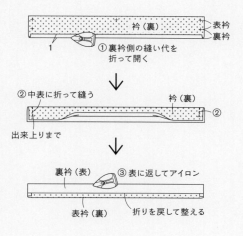

ⓗ 3. 衿を作る。

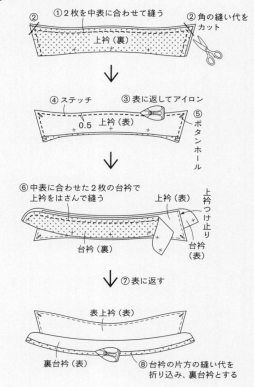

ⓗ 4. 衿をつける。

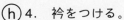
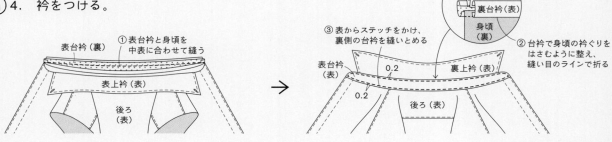

5. 脇を縫う。
6. 裾の始末をする。

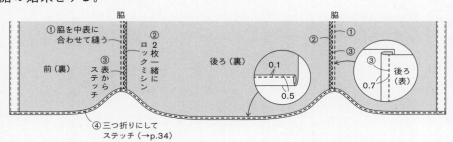

49

7. 袖を作る。

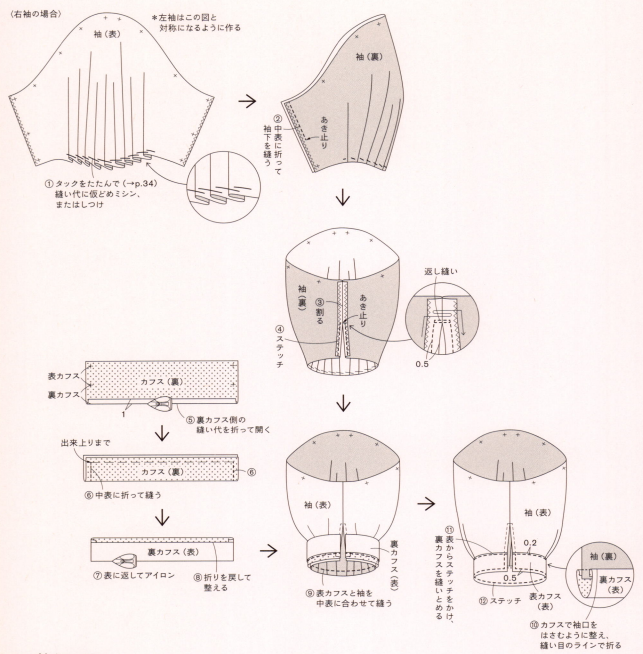

8. 袖をつける。
9. 前端、カフスにボタンホールを作り、ボタンをつける。

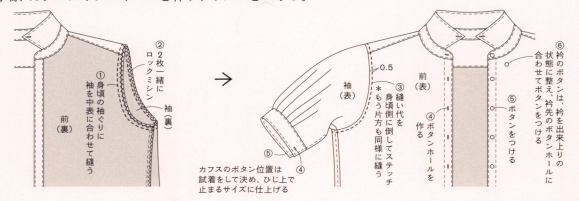

i ボリューム袖のプルオーバー
作品ページ → p.14・15

ばさっと着れて、オーバーサイズなのに丸みのある袖がやわらかい印象のプルオーバー。袖まくりをしたときのボリューム感もかわいい。

● 布選びのポイント
張りのある厚手のコットンリネンで作りました。シャツ地で軽い感じに仕上げるのもおすすめです。

● パターン（1裏面）
i 後ろ身頃・前身頃　i 後ろヨーク　i 前ヨーク
i 後ろ衿　i 前衿　i 後ろ袖　i 袖中央　i 前袖
i カフス　i タブ　i 袋布

● 材料
表布＝110cm幅 2m20cm
接着芯＝90cm幅 20cm
接着テープ＝1.2cm幅 40cm
ボタン＝直径1.2cm 4個

● 下準備
・前身頃のポケット口の縫い代（裏面）に接着テープをはる。
・後ろ衿、前衿、カフス、タブの裏面に接着芯をはる。
・身頃と袋布の脇、袖下の縫い代にロックミシン（またはジグザグミシン）をかける。

● 作り方順序
1. ヨークと身頃を縫い合わせる。（→p.52）
2. 肩を縫う。（→p.52）
3. 衿を作る。（→p.51）
4. 衿をつける。（→p.52）
5. 袖を縫い合わせる。（→p.52）
6. 袖をつける。（→p.52）
7. 袖下〜脇を続けて縫い、ポケットを作る。（→p.52、53）
8. カフスを作ってつける。（→p.53）
9. 裾を2.5cm幅の三つ折りにしてステッチをかける。
（→p.43の12参照）

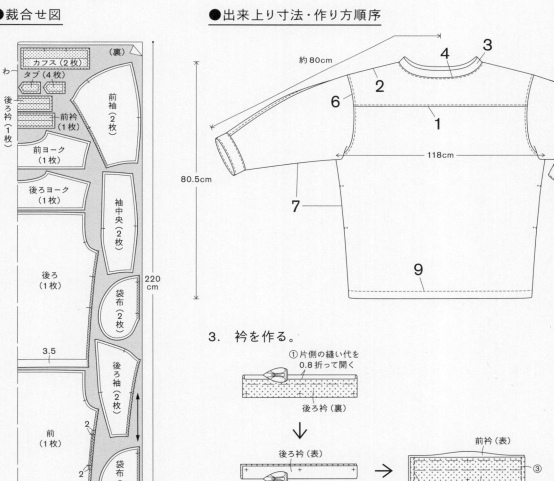

● 裁合せ図

● 出来上り寸法・作り方順序

3. 衿を作る。

＊指定以外の縫い代は1cm
＊ ▨ は接着テープをはる位置
＊ 〜〜〜 はロックミシン（またはジグザグミシン）をかけておく

1. ヨークと身頃を縫い合わせる。
2. 肩を縫う。
4. 衿をつける。

5. 袖を縫い合わせる。

6. 袖をつける。

7. 袖下〜脇を続けて縫い、ポケットを作る。

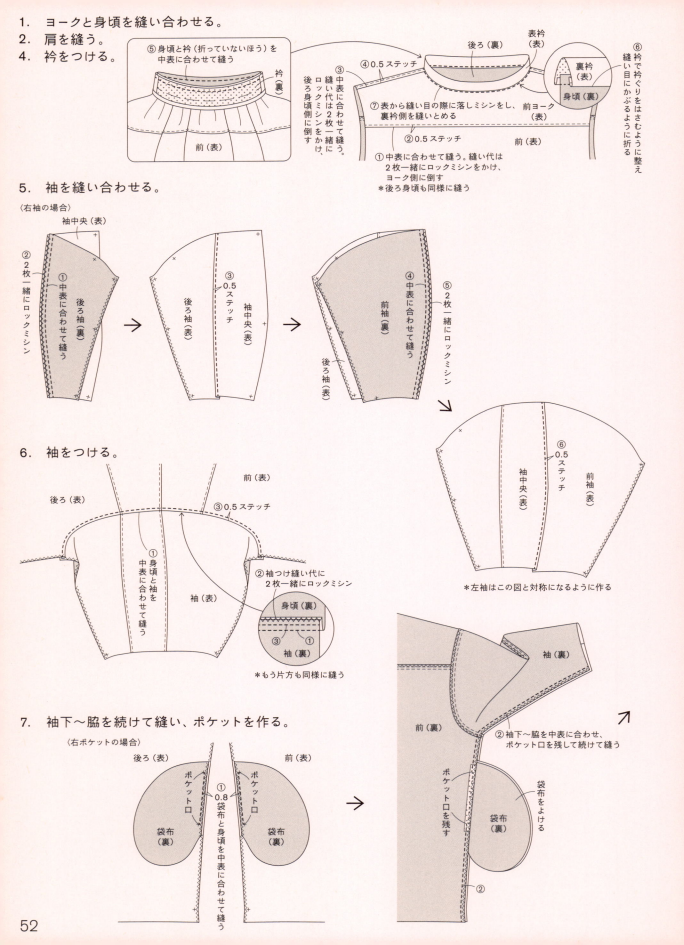

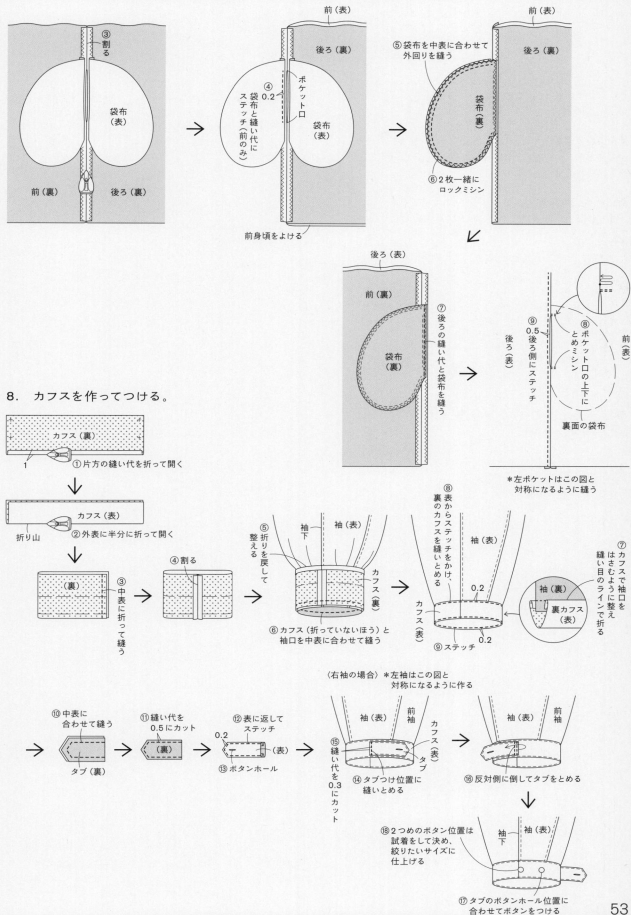

8. カフスを作ってつける。

f ランタンスリーブのドレス
作品ページ → p.10・11

ランタンのような構築的なパフスリーブのドレス。ウエストマークで少女風。1枚で着ても、タートルやデニムと重ね着してもかわいい。

● 布選びのポイント
袖の形がしっかり出るように張りのある中肉のコットンを選んでいます。

● パターン（2表面）
f 後ろ身頃　f 前身頃　f ウエスト切替え布
f 上スカート　f 下スカート　f 上袖　f 下袖
f 袋布
※バイアステープは裁合せ図の寸法で裁つ

● 材料
表布＝110cm幅 3m30cm
別布（薄手木綿）＝110cm幅 40cm
接着テープ＝1.2cm幅 1m20cm
コンシールファスナー＝56cm 1本
ゴムテープ＝2.5cm幅適宜

● 下準備
・後ろ中心のファスナーつけ位置、上スカート1枚のポケット口の縫い代（裏面）に接着テープをはる。
※接着テープをはった上スカートを前上スカートとする。
・身頃の肩と脇と後ろ中心、上、下スカートの脇、袋布の脇、上、下袖の袖下の縫い代にロックミシン（またはジグザグミシン）をかける。

● 作り方順序
1. 身頃の後ろ中心を縫い、コンシールファスナーをつける。（→p.41の1参照）
2. 肩を縫い、縫い代を割る。（→p.37の2参照）
3. 衿ぐりをバイアステープで縫い返す。（→p.34 テープ端はp.41の2参照）
4. 身頃の脇を縫い、縫い代を割る。（→p.45の3参照）
5. 上スカートの脇を縫い、ポケットを作る。（→p.43の10参照）
6. 下スカートの脇を縫い、縫い代を割る。（→p.45の3参照）
7. 下スカートの裾を2cm幅の三つ折りにしてステッチをかける。（→p.34）
8. 上スカートと下スカートを中表に合わせて縫う。縫い代は2枚一緒にロックミシンをかけて下スカート側に倒す。
9. ウエスト切替え布をつける。（→p.54・55）
10. 袖を作る。（→p.55）
11. 袖をつける。（→p.46の6参照。ただし縫い代は袖側に倒す）
12. ウエスト切替え布にゴムテープを通す。ゴムテープの長さは試着をして決め、ゴムテープの端は2cm重ねて縫いとめる。（→p.46の5参照）

● 出来上り寸法・作り方順序

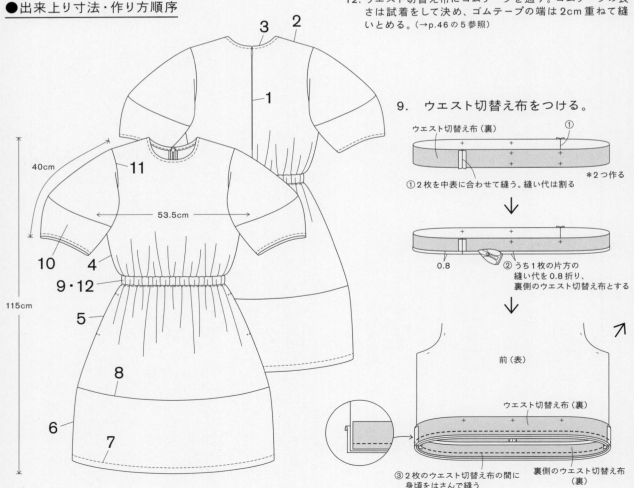

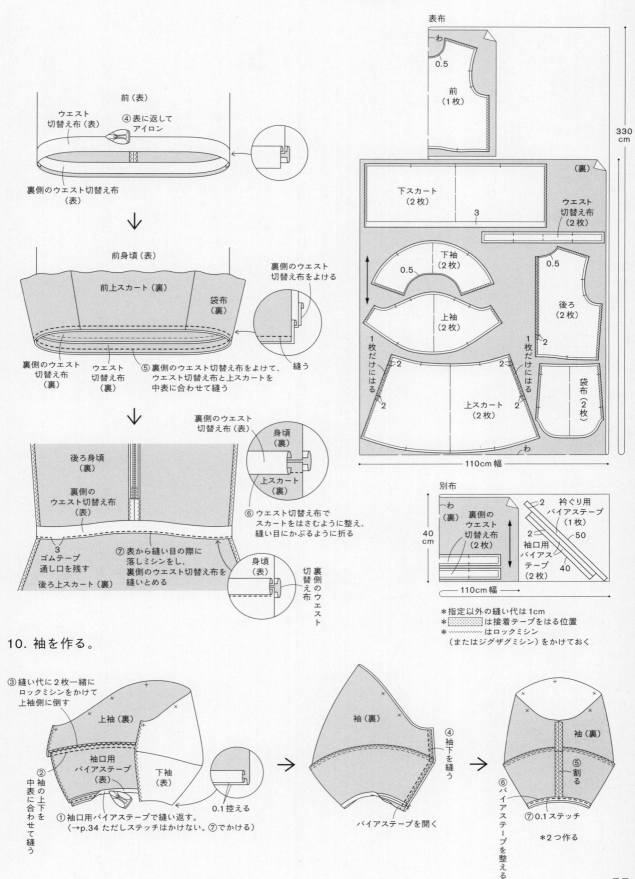

j ピンタックのサークルトップ
作品ページ → p.16・17

ピンタックそのものもかわいいディテールですが、ピンタックをとることによって生まれる裾のひらひらもかわいい副産物。シンプルなボトムを合わせるだけでコーディネートが決まります。

● 布選びのポイント
ピンクの中肉のコットンで作っています。寒色系で作ると甘さが抑えられます。落ち感のある布を使うと肩なじみがよくなります。

● パターン（2表面）
j 後ろ身頃　j 前身頃　j 当て布　j 後ろ見返し
j 前見返し

● 材料
表布＝110cm幅1m50cm

● 下準備
・肩、脇の縫い代にロックミシン（またはジグザグミシン）をかける。

● 作り方順序
* 前身頃の衿ぐりは粗裁ち（縫い代を多めにつけて裁つこと）をし、タックを縫ってから衿ぐりを裁ち直す。
1. 見返しを縫う。（→p.56）
2. タックを縫い、前衿ぐりを裁ち直す。（→p.57）
3. 当て布をつける。（→p.57）
4. 肩を縫う。（→p.57）
5. 衿ぐりを見返しで縫い返す。（→p.57）
6. 脇を縫う。（→p.57）
7. 袖口、裾の始末をする。それぞれ縫い代を0.7cmの三つ折りにしてステッチをかけ、あき止りは返し縫いをする。（→p.39の ⓐ 9参照）

● 裁合せ図

● 出来上り寸法・作り方順序

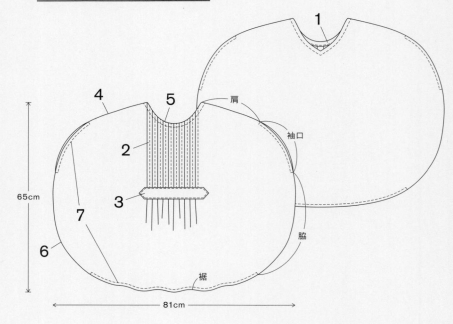

1. 見返しを縫う。

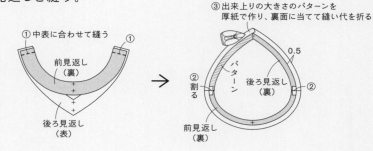

2. タックを縫い、前衿ぐりを裁ち直す。

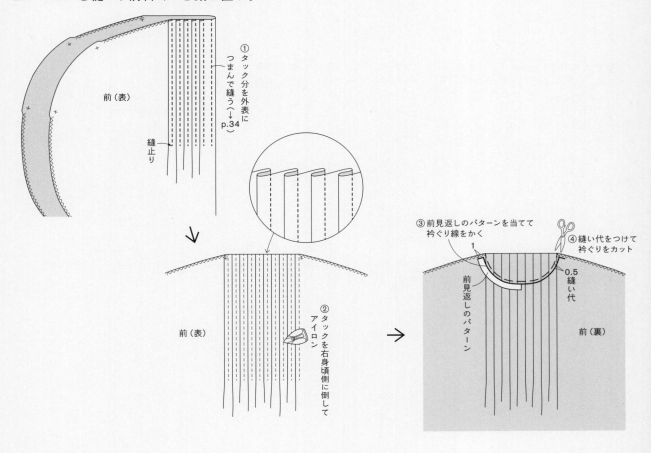

3. 当て布をつける。

4. 肩を縫う。
6. 脇を縫う。

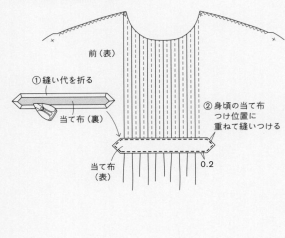

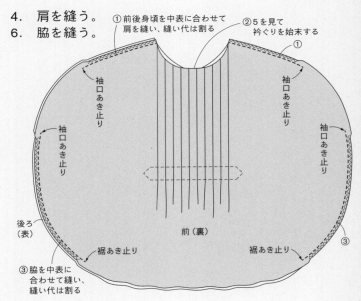

5. 衿ぐりを見返しで縫い返す。

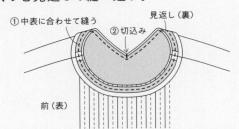

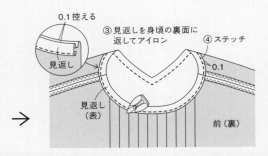

k ボックスタックのスクエアトップ
作品ページ → p.16・17

胸もとの切替えに大きめのボックスタックをとって、胸もとからふわりと広がるシルエットに。脇の部分もひらひら揺れるデザイン。

● 布選びのポイント
中肉のコットンで仕立てました。暖色系の布を選べば甘く、寒色系なら大人っぽく仕上がります。

● パターン（1裏面）
k 後ろ身頃　k 前身頃　k 前ヨーク　k 後ろ見返し
k 前見返し

● 材料
表布＝110cm幅 1m40cm
接着芯＝少々

● 下準備
・前身頃裏面のヨークつけ位置の角に、切込みの補強として接着芯をはる。
・前、後ろ身頃、前ヨークの肩縫い代にロックミシン（またはジグザグミシン）をかける。

● 作り方順序
1. タックを縫う。（→p.58）
2. 前身頃と前ヨークを縫い合わせる。（→p.59）
3. 肩を縫う。前後身頃の肩を中表に合わせて縫い、縫い代を割る。（→p.37の2参照）
4. 見返しを縫う。（→p.56の1参照）
5. 衿ぐりを見返しで縫い返す。（→p.57の5参照）
6. 前後身頃の周囲の始末をする。（→p.59）
7. 脇をステッチで縫いとめる。（→p.59）

● 裁合せ図

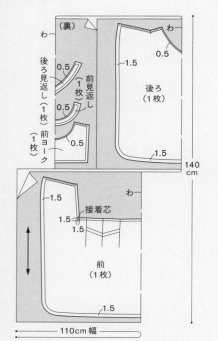

● 出来上り寸法・作り方順序

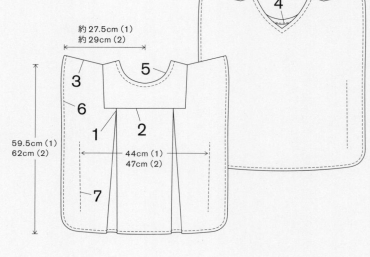

＊指定以外の縫い代は1cm
＊ ▨ は接着テープをはる位置
＊ 〜〜〜 はロックミシン
　（またはジグザグミシン）をかけておく

1. タックを縫う。

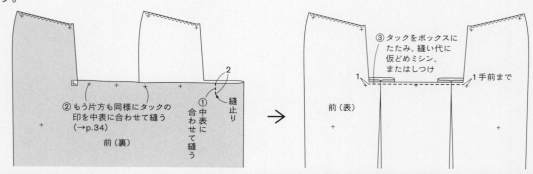

2. 前身頃と前ヨークを縫い合わせる。

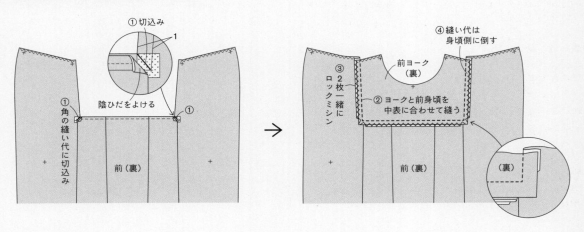

6. 前後身頃の周囲の始末をする。

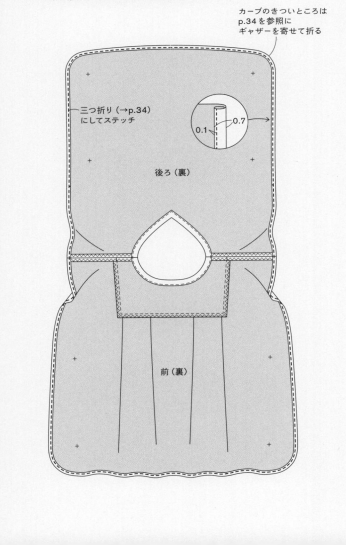

7. 脇をステッチで縫いとめる。

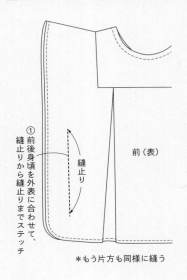

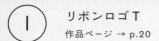

l リボンロゴT
作品ページ → p.20

ボーイズライクなオーバーサイズTに、リボンで文字を描くことで甘辛バランスに。ワンピースとして1枚でも着れます。丈は好みで調整しても。

●布選びのポイント
1枚でも着られるように、透けにくい中肉のコットン地を使用。落ち感のある素材で作れば大人っぽい雰囲気に。

●パターン（2表面、袋布は1裏面）
l 後ろ身頃　l 前身頃　l 袖　l 衿ぐりリブ　l 袋布

●材料
表布＝110cm幅2m30cm
リブニット＝50×10cm
接着テープ＝1.2cm幅40cm
杉綾テープ＝1.5cm幅適宜

●下準備
・前身頃のポケット口の縫い代（裏面）に接着テープをはる。
・前後身頃の肩と脇、袋布の脇、袖下の縫い代にロックミシン（またはジグザグミシン）をかける。

●作り方順序
1. 前身頃にテープで文字を作り、縫いとめる。（→p.61）
2. 前後身頃を中表に合わせて肩を縫い、縫い代を割る。（→p.37の2参照）
3. 衿ぐりリブをつける。（→p.62）
4. 袖をつける。（→p.62）
5. 袖下〜脇を続けて縫い、ポケットを作る。（→p.52の7参照。ただし脇〜袖下縫い目の後ろ側にステッチはかけない）
6. 袖口を三つ折りにしてステッチをかける。（→p.34）
7. 裾を三つ折りにしてステッチをかける。（→p.34）

m ランダムリボンT
作品ページ → p.21

かわいいとつい買ってしまうリボンをランダムに配置して、たたんだり、タックを寄せたりして縫いつけるだけで、自分だけのオリジナルデザインに。

●布選びのポイント
1枚でも着られるように、透けにくい中肉のコットン地を使用。落ち感のある素材で作れば大人っぽい雰囲気に。

●パターン（2表面、袋布は1裏面）
m 後ろ身頃　m 前身頃　m 袖　m 衿ぐりリブ　m 袋布

●材料
表布＝110cm幅2m30cm
リブニット＝50×10cm
接着テープ＝1.2cm幅40cm
テープやリボン＝1〜3cm幅各適宜

●下準備
・前身頃のポケット口の縫い代（裏面）に接着テープをはる。
・前後身頃の肩と脇、袋布の脇、袖下の縫い代にロックミシン（またはジグザグミシン）をかける。

●作り方順序
1. 前後身頃を中表に合わせて肩を縫い、縫い代を割る。（→p.37の2参照）
2. 衿ぐりリブをつける。（→p.62）
3. 袖をつける。（→p.62）
4. 前身頃にテープやリボンをつける。下の図を参考に好みのテープやリボンを好きなように配置し、リボンの回りをぐるりとミシンで縫いとめる。
5. 袖下〜脇を続けて縫い、ポケットを作る。（→p.52の7参照。ただし脇〜袖下縫い目の後ろ側にステッチはかけない）
6. 袖口を三つ折りにしてステッチをかける。（→p.34）
7. 裾を三つ折りにしてステッチをかける。（→p.34）

●出来上り寸法・作り方順序

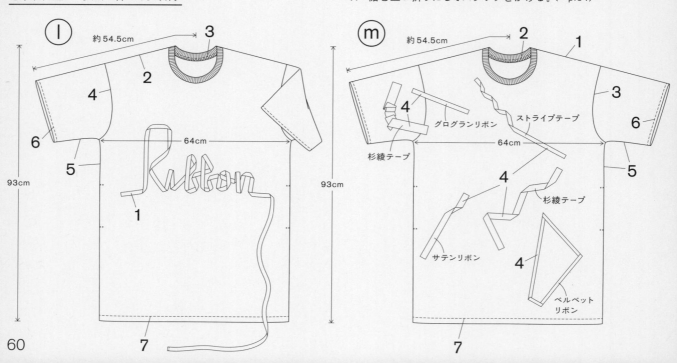

● 裁合せ図

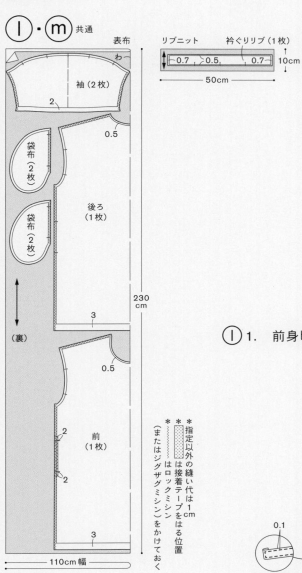

l 1. 前身頃にテープで文字を作り、縫いとめる。

・英文のロゴは図を参考に好きなようにデザインする
・一筆書きの要領でテープを配置し、テープの両端をミシンでとめる

ⓛ3. ⓜ2. 衿ぐりリブをつける。

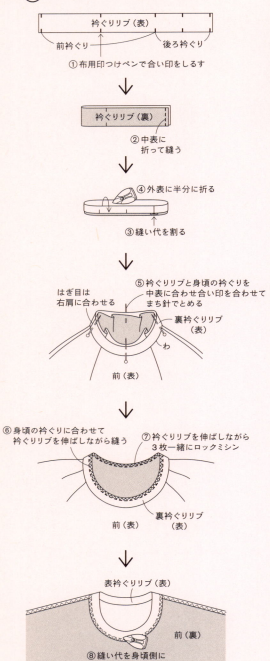

ⓛ4. ⓜ3. 袖をつける。

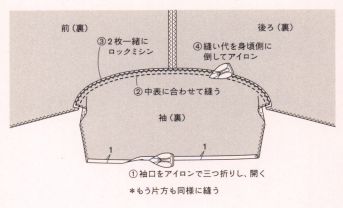

u フリルピローバッグ
作品ページ → p.30・31

ピローケースみたいなフリルをあしらった四角いバッグ。コーディネートの主役にもなれるアイテム。

● 布選びのポイント
中肉程度のチェックのコットンを使いました。無地やストライプでもかわいい仕上りになります。

● パターン (1表面)
u 本体　u 見返し　u 持ち手
※フリルは裁合せ図の寸法で裁つ

● 材料
表布＝110cm幅 1m
接着芯＝90cm幅 50cm

● 下準備
・見返し、持ち手の裏面に接着芯をはる。

● 作り方順序
1. 持ち手を作る。持ち手を中表に折り、長辺を縫って表に返し、アイロンで整える。
2. フリルを作り、本体1枚の表側に仮どめする。持ち手も仮どめする。(→p.63)
3. 2の本体にもう1枚の本体を中表に合わせ、口側を残して3辺を縫う。縫い代は3枚一緒にロックミシン(またはジグザグミシン)で始末する。
4. 見返しをつける。(→p.63)

● 裁合せ図

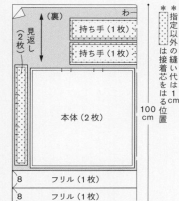

● 出来上り寸法・作り方順序

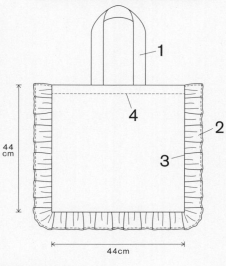

4. 見返しをつける。

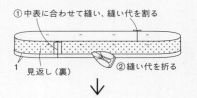

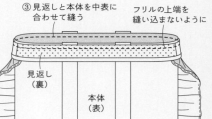

2. フリルを作り、本体1枚の表側に仮どめする。持ち手も仮どめする。

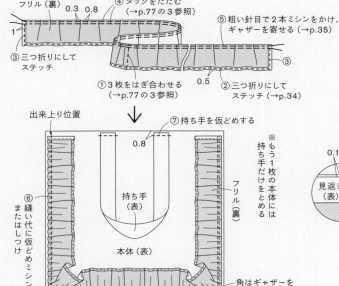

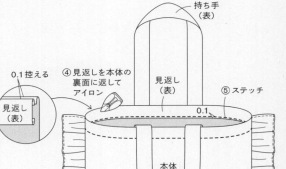

n ネグリジェドレス
作品ページ → p.22・23

胸もとに寄せたギャザーやアンダーバストの切替えが少女っぽくも女性っぽくもあるドレス。パーカーをはおったりスニーカーを合わせたりしてカジュアルダウンして着るのがかわいい。

●布選びのポイント
光沢のない薄手のシルクを使用。落ち感のある素材のほうが、ギャザーがきれいにおさまります。

●パターン（2裏面）
n 後ろ身頃　n 前身頃　n 後ろウエスト布・前ウエスト布
n 後ろスカート・前スカート　n 袋布
※バイアステープは裁合せ図の寸法で裁つ

●材料
表布＝110cm幅2m70cm
接着テープ＝1.2cm幅40cm

●下準備
・前スカートのポケット口の縫い代（裏面）に接着テープをはる。
・前後スカートの脇、袋布の脇にロックミシン（またはジグザグミシン）をかける。

●作り方順序
1. 肩を縫う。（→p.65）
2. 前後衿ぐりの始末をする。（→p.65）
3. 袖ぐりをバイアステープで縫い返す。（→p.65）
4. 身頃の脇を縫う。（→p.65）
5. ウエスト布の脇を縫う。（→p.65）
6. 身頃とウエスト布を縫い合わせる。（→p.65）
7. スカートの脇を縫い、ポケットを作る。（→p.43の10参照）
8. スカートの裾縫い代を2.5cm幅の三つ折りにしてステッチをかける。（→p.43の12参照）
9. スカートにギャザーを寄せ、ウエスト布と縫い合わせる。（→p.65）

●裁合せ図

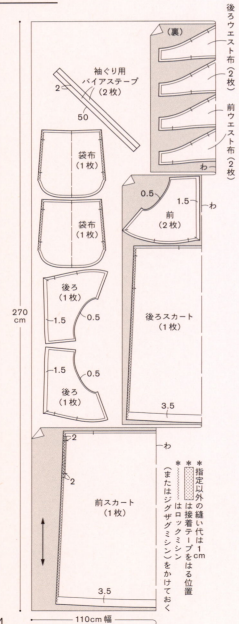

●出来上り寸法・作り方順序

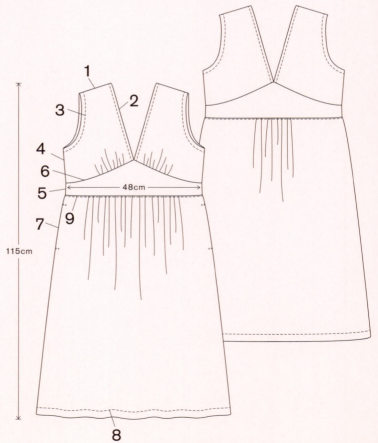

1. 肩を縫う。
2. 前後衿ぐりの始末をする。
3. 袖ぐりをバイアステープで縫い返す。

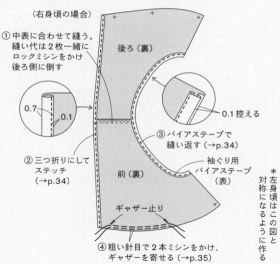

4. 身頃の脇を縫う。

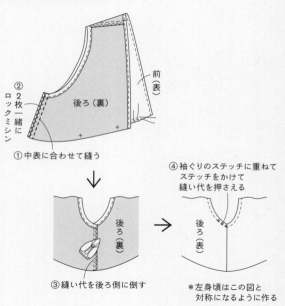

5. ウエスト布の脇を縫う。

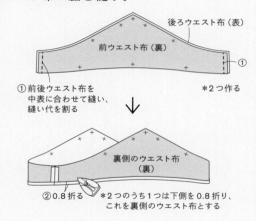

6. 身頃とウエスト布を縫い合わせる。

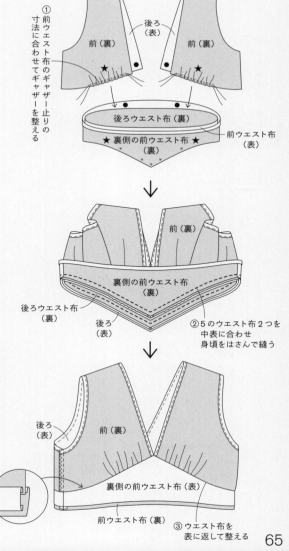

9. スカートにギャザーを寄せ、ウエスト布と縫い合わせる。

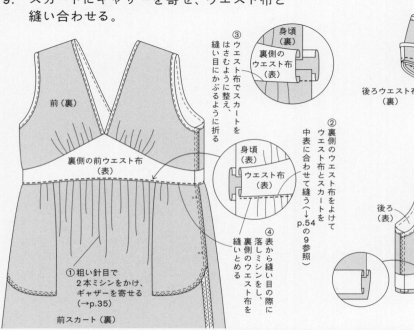

o アンダーバストギャザートップ
作品ページ → p.24

四角い布にギャザーを寄せて作るトップ。単純な構造なのに存在感のある一枚。

●布選びのポイント
薄手のキュプラを使用。ギャザーがポイントのデザインなので、ギャザーがきれいに落ち着く、落ち感のある素材で。内側に通すひもには、ギャザーが固定されるようにすべりにくい薄手の木綿の布を使います。

●パターン（2裏面）
o 身頃　o ひも通し布

●材料
表布＝110cm幅サイズ1は1m10cm／
　　　サイズ2は1m20cm
ブロードなどの木綿（ひも布用）＝4×110cmを2枚
※用意した生地の厚みによって、ひもの幅は調整する。

●下準備
・前後中心、脇の縫い代にロックミシン（またはジグザグミシン）をかける。

●作り方順序
1. 前後中心を縫う。（→p.66）
2. 衿ぐりの始末をする。（→p.67）
3. ひも通し布をつける。（→p.67）
4. 脇を縫う。（→p.67）
5. 袖口の始末をする。（→p.69の5参照）
6. 裾の始末をする。（→p.69の6参照）
7. ひも布を通してとめる。（→p.67）

●出来上り寸法・作り方順序

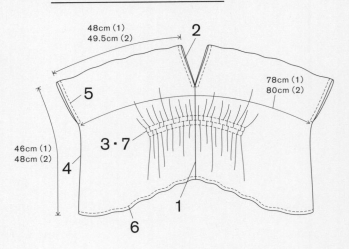

●裁合せ図

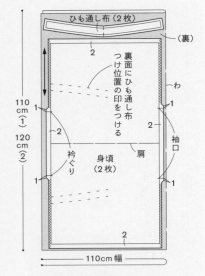

＊指定以外の縫い代は1cm
＊ ～～～ はロックミシン（またはジグザグミシン）をかけておく

1. 前後中心を縫う。

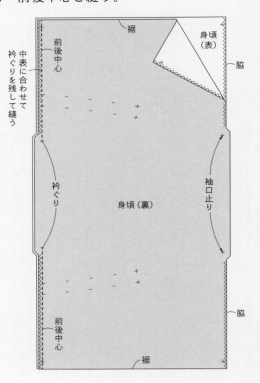

2. 衿ぐりの始末をする。
3. ひも通し布をつける。

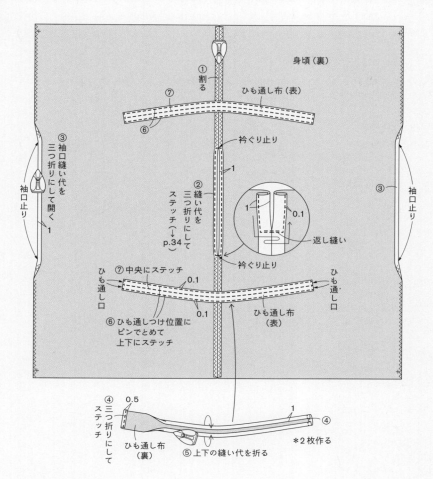

4. 脇を縫う。

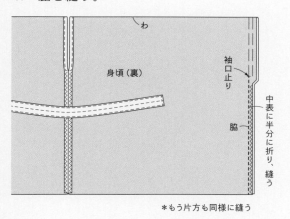

7. ひも布を通してとめる。

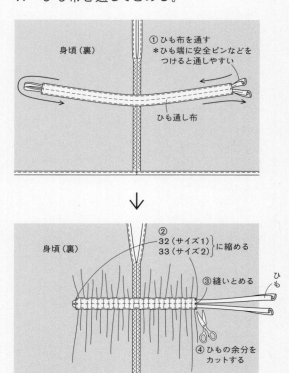

p ショルダーギャザートップ
作品ページ → p.25

oのたたみ方を変えたトップ。胸下のギャザーが肩に移動して全く違う表情になります。

● 布選びのポイント

薄手のキュプラを使用。ギャザーがポイントのデザインなので、ギャザーがきれいに落ち着く、落ち感のある素材で。内側に通すひもには、ギャザーが固定されるようにすべりにくい薄手の木綿の布を使います。

● パターン（2裏面）

p 身頃　p ひも通し布

● 材料

表布＝110cm幅 サイズ1は1m20cm
　　　　　　　サイズ2は1m30cm
ブロードなどの木綿（ひも布用）＝4×110cmを2枚
※用意した生地の厚みによって、ひもの幅は調整する。

● 下準備

・肩、脇の縫い代にロックミシン（またはジグザグミシン）をかける。

● 作り方順序

1. 肩を縫う。（→p.68）
2. 衿ぐりの始末をする。（→p.69）
3. ひも通し布をつける。（→p.69）
4. 脇を縫う。（→p.69）
5. 袖口の始末をする。（→p.69）
6. 裾の始末をする。（→p.69）
7. ひも布を通してとめる。（→p.67の7参照）

● 裁合せ図

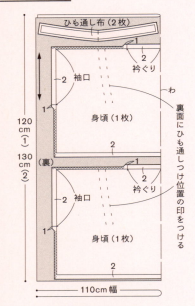

＊指定以外の縫い代は1cm
＊〜〜〜〜〜はロックミシン
　（またはジグザグミシン）をかけておく

● 出来上り寸法・作り方順序

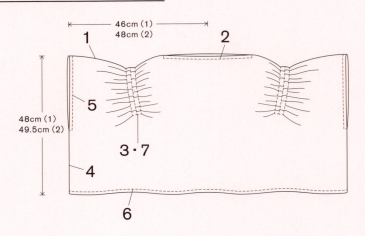

1. 肩を縫う。

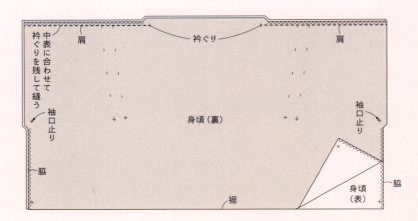

2. 衿ぐりの始末をする。
3. ひも通し布をつける。

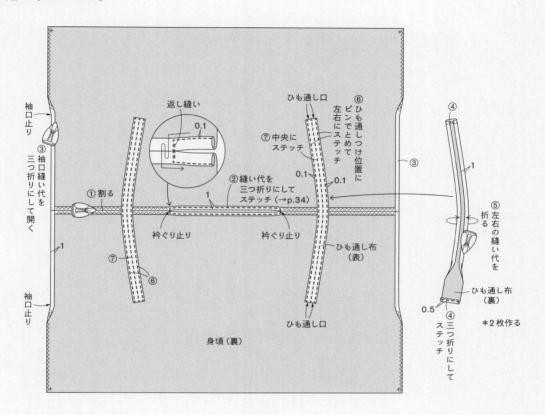

4. 脇を縫う。

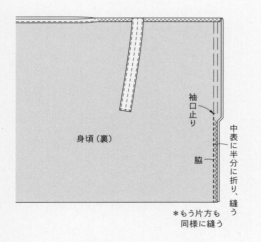

5. 袖口の始末をする。
6. 裾の始末をする。

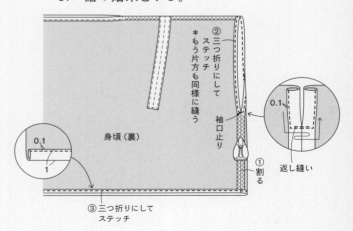

q フリルトレーナー A

作品ページ → p.26・27

⑨⓻⑤①同じ形のトレーナーにフリルの挟み方を変えた４種類のデザイン。色の選び方でも大きくイメージが変わります。メンズライクなパンツを合わせたり、同じ布でスカートを作ってワンピースっぽくするのもかわいい。

● 布選びのポイント

中肉のコットンを使用。フリルを２重にして仕立てるので、厚手の布は避けましょう。袖口と裾にはリブニットを使っています。リブニットは色の展開が少ないので、表布の色や柄はリブニットに合わせて選ぶといいでしょう。

● パターン

（１表面）
q 後ろ身頃　q 後ろ見返し　q 前見返し　q 裾リブ
q 袖口リブ
（１裏面）
q 前身頃　q 前ヨーク　q フリル

● 材料

表布＝110cm幅 2m
リブニット＝50×45cm
接着テープ＝1.2cm幅 40cm
接着芯＝少々
コンシールファスナー＝22cm 1本

● 下準備

・後ろ中心のファスナーつけ位置の縫い代（裏面）に接着テープをはる。
・前身頃ヨークつけ位置の角（裏面）に、切込みのほつれ止めのために接着芯をはる。
・前、後ろ身頃の肩と脇～袖下と後ろ中心、前ヨークの肩の縫い代にロックミシン（またはジグザグミシン）をかける。

● 作り方順序

1. 後ろ中心を縫い、コンシールファスナーをつける。（→p.71）
2. フリルを作って仮どめをする。（→p.71）
3. 前ヨークをつける。（→p.71）
4. 肩を縫う。（→p.71）
5. 衿ぐりを見返しで縫い返す。（→p.72）
6. 袖下～脇を縫う。（→p.72）
7. 裾リブをつける。（→p.72）
8. 袖口リブをつける。袖口リブを輪に縫い、縫い代は割る。外表に半分に折り、袖口リブと袖口を中表に合わせて0.7cmで縫う。（→p.72の7参照）

● 裁合せ図

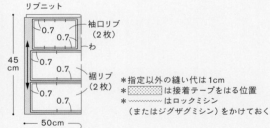

＊指定以外の縫い代は1cm
＊▨▨▨は接着テープをはる位置
＊〜〜〜〜はロックミシン（またはジグザグミシン）をかけておく

● 出来上り寸法・作り方順序

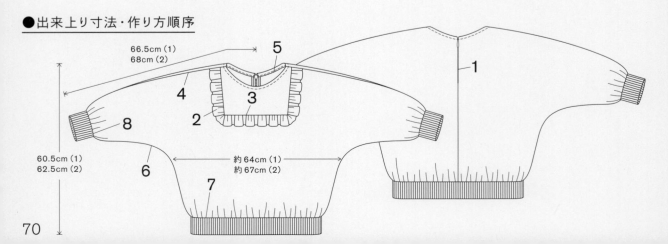

1. 後ろ中心を縫い、コンシールファスナーをつける。

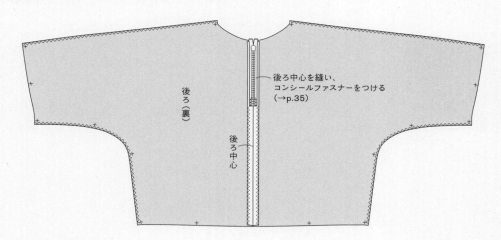

2. フリルを作って仮どめをする。

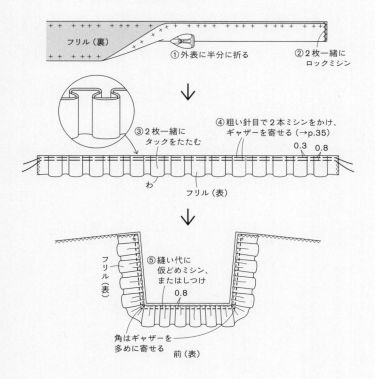

3. 前ヨークをつける。

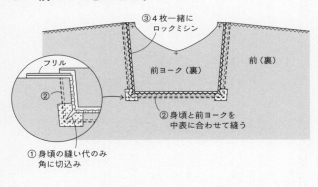

4. 肩を縫う。

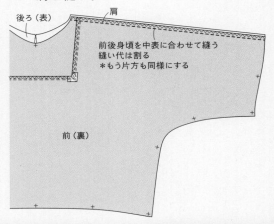

5. 衿ぐりを見返しで縫い返す。

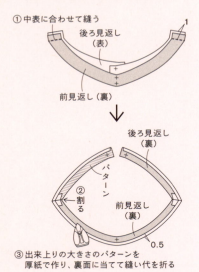

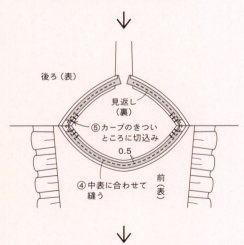

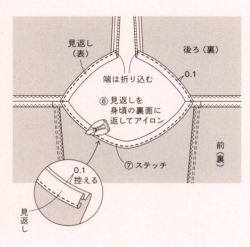

6. 袖下～脇を縫う。

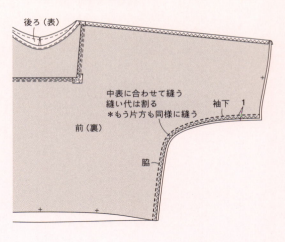

7. 裾リブをつける。

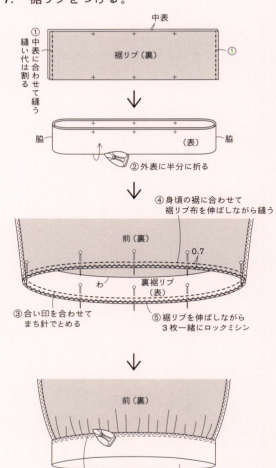

r フリルトレーナー B
作品ページ → p.28・29

● パターン
（1表面）
r 後ろ身頃　r 後ろ見返し　r 前見返し　r 裾リブ
r 袖口リブ
（2表面）
r 前身頃　r 前脇身頃　r フリル

● 材料
表布＝110cm幅 2m
リブニット＝50×45cm
接着テープ＝1.2cm幅 40cm
コンシールファスナー＝22cm 1本

● 下準備
・後ろ中心のファスナーつけ位置の縫い代（裏面）に接着テープをはる。
・各身頃の肩と脇〜袖下と後ろ中心の縫い代にロックミシン（またはジグザグミシン）をかける。

● 作り方順序
1. 後ろ中心を縫い、コンシールファスナーをつける。（→p.71の1参照）
2. フリルを作って前脇身頃に仮どめをする。（→p.73）
3. 前身頃と左右の前脇身頃を中表に合わせて縫う。縫い代は4枚一緒にロックミシンで始末して中心側に倒す。
4. 肩を縫う。（→p.71の4参照）
5. 衿ぐりを見返しで縫い返す。（→p.72の5参照）
6. 袖下〜脇を縫う。（→p.72の6参照）
7. 裾リブをつける。（→p.72の7参照）
8. 袖口リブをつける。袖口リブを輪に縫い、縫い代は割る。外表に半分に折り、袖口リブと袖口を中表に合わせて0.7cmで縫う。（→p.72の7参照）

● 裁合せ図

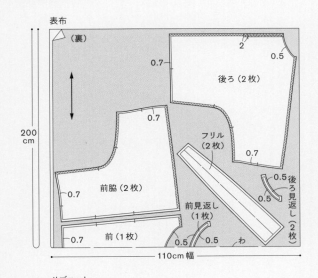

＊指定以外の縫い代は1cm
＊░░░は接着テープをはる位置
＊～～～はロックミシン（またはジグザグミシン）をかけておく

● 出来上り寸法・作り方順序

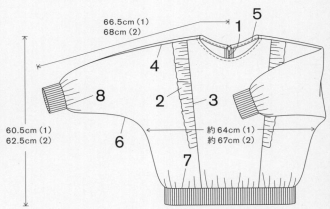

2. フリルを作って前脇身頃に仮どめをする。

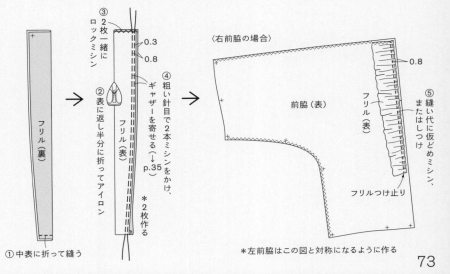

＊左前脇はこの図と対称になるように作る

S フリルトレーナー C
作品ページ → p.28・29

● パターン（1表面）
s 後ろ身頃　s 前身頃　s 前ヨーク　s フリル
s 後ろ見返し　s 前見返し　s 裾リブ　s 袖口リブ

● 材料
表布＝110cm幅 2m
リブニット＝50×45cm
接着テープ＝1.2cm幅 40cm
コンシールファスナー＝22cm 1本

● 下準備
・後ろ中心のファスナーつけ位置の縫い代（裏面）に接着テープをはる。
・前、後ろ身頃の肩と脇〜袖下と後ろ中心、前ヨークの肩の縫い代にロックミシン（またはジグザグミシン）をかける。

● 作り方順序
1. 後ろ中心を縫い、コンシールファスナーをつける。（→p.71の1参照）
2. フリルを作って前身頃に仮どめをする。（→p.74）
3. 前身頃と前ヨークを中表に合わせて縫う。縫い代は4枚一緒にロックミシンで始末して前ヨーク側に倒す。
4. 肩を縫う。（→p.71の4参照）
5. 衿ぐりを見返しで縫い返す。（→p.72の5参照）
6. 袖下〜脇を縫う。（→p.72の6参照）
7. 裾リブをつける。（→p.72の7参照）
8. 袖口リブをつける。袖口リブを輪に縫い、縫い代は割る。外表に半分に折り、袖口リブと袖口を中表に合わせて0.7cmで縫う。（→p.72の7参照）

● 裁合せ図

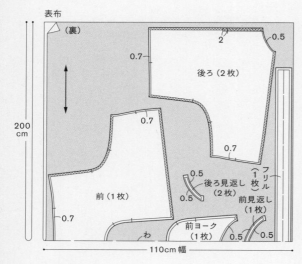

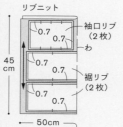

＊指定以外の縫い代は1cm
＊▨ は接着テープをはる位置
＊〰〰 はロックミシン（またはジグザグミシン）をかけておく

● 出来上り寸法・作り方順序

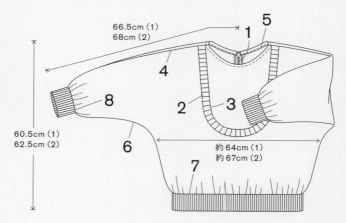

2. フリルを作って前身頃に仮どめをする。

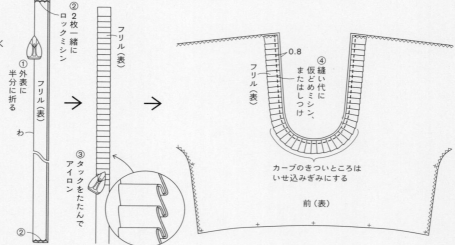

t フリルトレーナー D
作品ページ → p.28・29

●パターン
（1表面）
t 後ろ身頃　t 後ろ見返し　t 前見返し　t 裾リブ
t 袖口リブ
（2裏面）
t 前身頃　t 前ヨーク　t フリル

●材料
表布＝110cm幅2m
リブニット＝50×45cm
接着テープ＝1.2cm幅40cm
接着芯＝少々
コンシールファスナー＝22cm1本

●下準備
・後ろ中心のファスナーつけ位置の縫い代（裏面）に接着テープをはる。
・前身頃の前中心のV字の部分（裏面）に切込みのほつれ止めとして接着芯をはる。
・前、後ろ身頃の肩と脇〜袖下と後ろ中心、前ヨークの肩の縫い代にロックミシン（またはジグザグミシン）をかける。

●作り方順序
1. 後ろ中心を縫い、コンシールファスナーをつける。（→p.71の1参照）
2. フリルを作って前身頃に仮どめをする。（→p.75）
3. 前身頃と前ヨークを中表に合わせて縫う。縫い代は4枚一緒にロックミシンで始末して前ヨーク側に倒す。
4. 肩を縫う。（→p.71の4参照）
5. 衿ぐりを見返しで縫い返す。（→p.72の5参照）
6. 袖下〜脇を縫う。（→p.72の6参照）
7. 裾リブをつける。（→p.72の7参照）
8. 袖口リブをつける。袖口リブを輪に縫い、縫い代は割る。外表に半分に折り、袖口リブと袖口を中表に合わせて0.7cmで縫う。（→p.72の7参照）

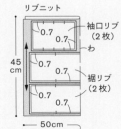

●裁合せ図

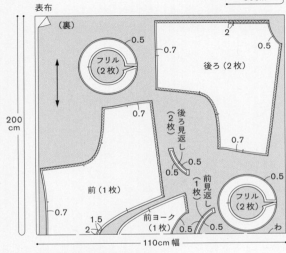

*指定以外の縫い代は1cm
* は接着テープをはる位置
* はロックミシン（またはジグザグミシン）をかけておく

●出来上り寸法・作り方順序

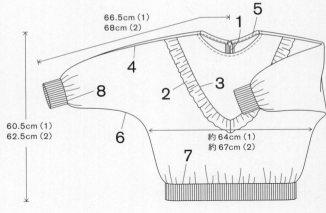

2. フリルを作って前身頃に仮どめをする。

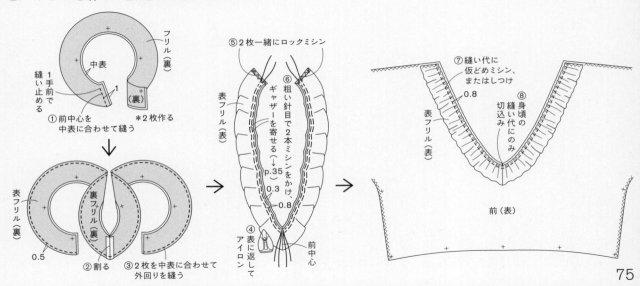

v フリルピロートップ
作品ページ → p.30・31

ピローケースみたいなフリルをあしらった四角いトップ。かわいいのにかっこよさもあって、コーディネートの主役にもなれる存在感。

● **布選びのポイント**
中厚のチェックのコットンを使いました。無地やストライプでもかわいい仕上りになります。

● **パターン（1裏面）**
v 前身頃下・後ろ身頃上　v 前身頃上・後ろ身頃下
※フリルとバイアステープは裁合せ図の寸法で裁つ

● **材料**
表布＝110cm幅 1m80cm
接着テープ＝1.2cm幅 1m30cm

● **下準備**
・前身頃上、下の衿ぐりと後ろ身頃上の袖口あきの縫い代（裏面）に接着テープをはる。
・前身頃上、下の衿ぐりあきの左右の縫い代、後ろ身頃上の袖口あき、後ろ身頃下の裾あき以外の縫い代にロックミシン（またはジグザグミシン）をかける。

● **作り方順序**
1. 前身頃の上下を縫い合わせる。（→p.76）
2. 後ろ身頃の上下を縫い合わせる。（→p.77）
3. フリルを作る。（→p.77）
4. フリルを仮どめする。（→p.77）
5. 前後身頃を縫い合わせる。（→p.77）

● 出来上り寸法・作り方順序

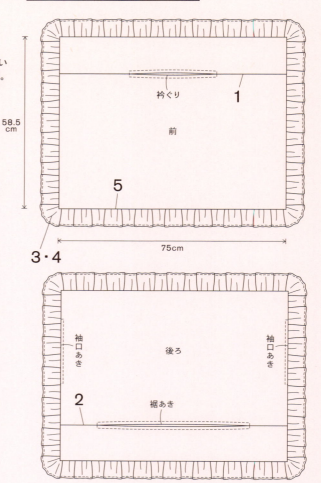

1. 前身頃の上下を縫い合わせる。

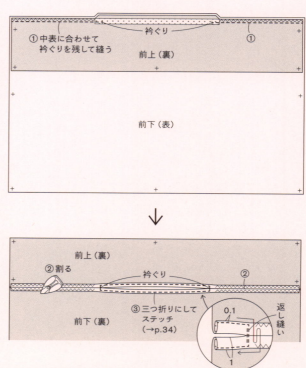

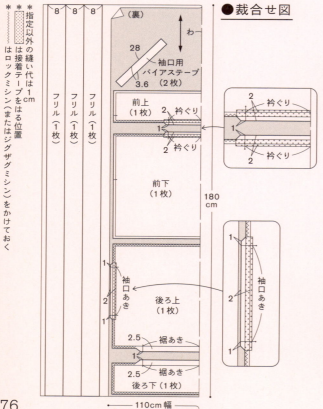

● 裁合せ図

76

2. 後ろ身頃の上下を縫い合わせる。

3. フリルを作る。

4. フリルを仮どめする。

5. 前後身頃を縫い合わせる。

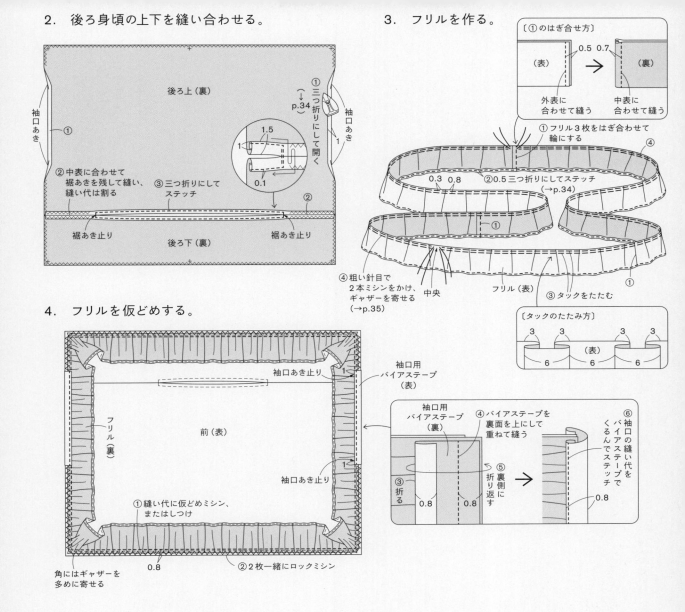

W フリルのラインパンツ
作品ページ → p.32

両サイドにフリルでラインを入れた、スポーティなのにかわいいパンツ。普通のTシャツと合わせてもコーディネートが決まります。フェイクの前あきが、ウエストゴムでもパジャマっぽくならないポイント。

● 布選びのポイント
ストライプのシャツ生地で作りました。フリル部分だけ別布で作ってみるのもおすすめ。

● パターン（2 裏面）
w 前パンツ　w 後ろパンツ　w ウエストベルト
w 袋布　w 見返し　w 持出し
※フリルは裁合せ図の寸法で裁つ

● 材料
表布＝110cm幅 2m30cm
接着芯＝25×30cm
接着テープ＝1.2cm幅 40cm
ゴムテープ＝3cm幅適宜

● 裁合せ図

● 下準備
・ 前パンツのポケット口の縫い代（裏面）に接着テープをはる。
・ 見返し、持出しの裏面に接着芯をはる。
・ 前パンツの脇と股ぐり、後ろパンツの脇、袋布の脇、見返しの外回りの縫い代にロックミシン（またはジグザグミシン）をかける。

● 作り方順序
1. フリルを作る。（→p.78）
2. フリルをつける。（→p.79）
3. 前股ぐりを縫い、あきみせを作る。（→p.79）
4. 後ろ股ぐりを縫う。（→p.42の9参照）
5. 脇を縫い、ポケットを作る。（→p.43の10参照）
6. 股下を縫う。（→p.43の11参照）
7. ウエストベルトを縫う。（→p.79）
8. ウエストベルトをつける。（→p.52の3参照。ただし、縫い目が前中心にくるように合わせる）
9. ウエストベルトにゴムテープを通す。ゴムテープの長さは試着をして決め、端は2cmぐらい重ねてミシンで縫いとめる。（→p.46の⑤5参照）
10. 裾の縫い代を2cm幅の三つ折りにしてステッチをかける。（→p.43の12参照）

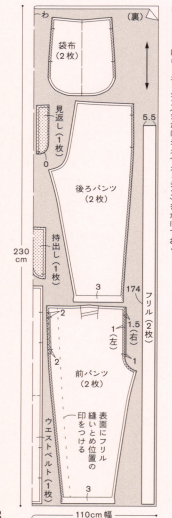

● 出来上り寸法・作り方順序

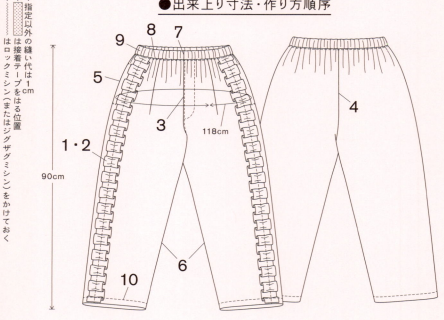

1. フリルを作る。

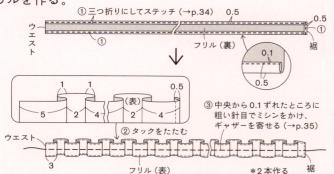

2. フリルをつける。

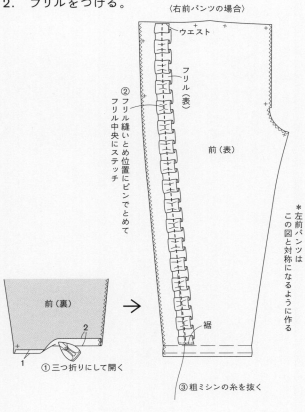

3. 前股ぐりを縫い、あきみせを作る。

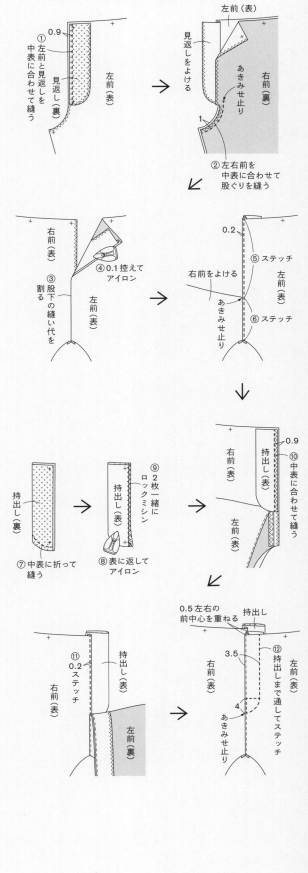

7. ウエストベルトを縫う。

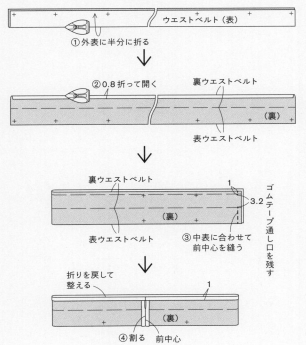

甘い服

AD＆ブックデザイン　　阿部 寛文
撮影　　　　　　　　　　金 瑞姫
スタイリング　　　　　　濱田 明日香
ヘア＆メイク　　　　　　坂入 小百合
モデル　　　　　　　　　Justyna Wensierska
デジタルトレース　　　　文化フォトタイプ
CADグレーディング　　　上野 和博
パターントレース　　　　アズワン（白井 史子）
校閲　　　　　　　　　　向井 雅子
技術編集　　　　　　　　百目鬼 尚子
編集　　　　　　　　　　田中 薫（文化出版局）

2018年8月6日　第1刷　発行
著者　　　　濱田 明日香
発行者　　　大沼 淳
発行所　　　学校法人文化学園　文化出版局
　　　　　　〒151-8524
　　　　　　東京都渋谷区代々木3-22-1
　　　　　　電話　03-3299-2485（編集）
　　　　　　　　　03-3299-2540（営業）
印刷・製本所　株式会社文化カラー印刷

©Asuka Hamada 2018　Printed in Japan
本書の写真、カット及び内容の無断転載を禁じます。

・ 本書のコピー、スキャン、デジタル化等の無断複製は著作権法上での例外を除き、禁じられています。本書を代行業者等の第三者に依頼してスキャンやデジタル化することは、たとえ個人や家庭内での利用でも著作権法違反になります。
・ 本書で紹介した作品の全部または一部を商品化、複製頒布、及びコンクールなどの応募作品として出品することは禁じられています。
・ 撮影状況や印刷により、作品の色は実物と多少異なる場合があります。ご了承ください。

文化出版局のホームページ
http://books.bunka.ac.jp

濱田明日香
ASUKA HAMADA

THERIACA（テリアカ）のデザイナー。日本、カナダでテキスタイルデザインを勉強後、ファッションデザイナーとしてアパレル企画に数年携わり、渡英。ファッションとパターンについて研究し、自由な発想の服作りを続けている。現在はベルリンにて自身のプロジェクトを行なうと同時に、服のおもしろさを伝えるツールとして本の執筆も手がけている。

www.theriaca.org

●著書
『かたちの服』
『大きな服を着る、小さな服を着る。』
『ピースワークの服』
（すべて文化出版局）